Carl Christian Redlich

Göttinger Musenalmanach auf 1771

Carl Christian Redlich

Göttinger Musenalmanach auf 1771

ISBN/EAN: 9783743333260

Hergestellt in Europa, USA, Kanada, Australien, Japan

Cover: Foto ©ninafisch / pixelio.de

Manufactured and distributed by brebook publishing software
(www.brebook.com)

Carl Christian Redlich

Göttinger Musenalmanach auf 1771

№ 52/3. Neue Folge No. 2/3.

Deutsche Litteraturdenkmale
des 18. und 19. Jahrhunderts

herausgegeben von **August Sauer**

GÖTTINGER
MUSENALMANACH AUF 1771

HERAUSGEGEBEN

VON

CARL REDLICH

STUTTGART

G. J. GÖSCHEN'SCHE VERLAGSHANDLUNG

1895

Vorbemerkung.

In dem vorliegenden Neudruck des zweiten Göttinger Musenalmanachs sind ausser den drei hintér dem Register aufgeführten Verbesserungen:

S. 9 [9] Nr. 4 V. 10 Morgenwinden, statt Abend=winden,

S. 20 [32] Nr. 15 Z. 9 mischje? statt mischje.

S. 73 [155] Nr. 79 V. 8 Läſterer — und er verſchonet ſie! statt Läſterer entſeelt — er ſchonet ſie!

noch folgende Druckfehler geändert:

S. 20 [32] Nr. 15 Z. 24 Augen; in Augen.
S. 22 [39] Nr. 20 V. 5 Erbgut; in Erbgut:
S. 23 [41] Nr. 23 V. 4 glieche in glicje
S. 29 [53] Nr. 31 V. 14 unſer in unſrer
S. 29 [54] Nr. 31 V. 20 verjagt: in verjagt;
S. 52 [105] Nr. 62 V. 20 ſtehn, in ſtehn.
S. 55 [112] Nr. 63 V. 59 Empfehlung in Empfelung
S. 57 [117] Nr. 66 V. 26 ſieht; in ſieht,
S. 91 [194] Nr. 97 V. 21 ſchänbliche in ſchäbliche

(nach der brieflichen Bemerkung Boies vom 1. März 1771 in Knebels Nachlass 2, 93: „Schändlich ist ein Druckfehler").

Dagegen habe ich der Versuchung widerstanden, S. 23 [42] Nr. 24 V. 2 das überlieferte „Tusculan" als Druckfehler zu behandeln, da diese Form zwar ungewöhnlich, aber nicht unmöglich ist. Der Druck in Thümmels Werken bietet „Tusculum".

Dem Register liegt das des Almanachs zu Grunde, es ist aber ergänzt durch Nachtragung der ausgelassenen

Stücke, und im Einzelnen mit dem Texte der Gedichte
in Uebereinstimmung gebracht. Ausserdem sind die
Chiffern, so weit es mir möglich war, aufgelöst und
die Nachweise der früheren oder späteren Drucke der
Gedichte hinzugefügt.

Hamburg, 16. April 1895.

Carl Redlich.

Musen Almanach

A MDCCLXXI.

Göttingen, bey J. C. Dieterich.

[Gestochener Titel von Meil.]

[8]   Diese kleine Sammlung wird keiner grossen Vorrede bedürfen. Das Publikum hat die erste mit einer so gütigen Nachsicht aufgenommen, daß der Herausgeber, dadurch beschämt, sehr gewünscht hätte, dieser einen Grad der Voll-
5 kommenheit zu geben, nach welchem er umsonst gestrebt hat. Man wird es aber seinem Geschmacke nicht allein zuschreiben, wenn auch diese Sammlung sehr oft den strengen Forderungen der Kenner nicht entsprechen sollte. Es konnte seine Absicht nicht seyn, [4] diesen nichts als
10 Meisterstücke vorzulegen. Deutschland müßte vor andern Ländern einen zu grossen Vorzug haben, wenn ein jedes Jahr, auch nur in dieser kleineren Gattung, so viele Meisterstücke lieferte. Manches vortresliche Gedicht ist vielleicht erschienen, und ihm nicht zu Gesichte gekommen,
15 und manches andre hat er vielleicht auch nicht brauchen wollen, um mit andern ähnlichen Sammlungen nicht zu sehr zusammen zu treffen. Aus eben diesem Grunde sind der gedruckten Stücke diesmal nicht viele. Man hat bloß um des Verlegers willen sie zu bezeichnen unterlassen,
20 weil man voriges Jahr gesehen hat, daß allzu ehrlich seyn nicht gut ist.
[5]   Zweck und Einrichtung bleiben ungefähr wie in der ersten Sammlung. Diese war, was ein jeder erster Versuch dieser Art, wenn nicht in einer Hauptstadt, dem Zu-
25 sammenflusse feiner und witziger Köpfe, oder von einem Mann unternommen, dessen bekannter Geschmack und festgesetzter Ruhm ihm den Zutritt zu allem, was Geist und Witz hat, leicht macht, nothwendig werden muß — höchst unvollkommen. Wer aber sich einen Begriff davon machen

kann, oder will, wie schwer es ist, Stücke von so ver=
schiedenen Verfassern, als ein ehrlicher Mann, zu=
sammen zu bringen, der wird diese Unvollkommenheiten
nicht zu hoch anrechnen.

|6] Eben weil der Verfasser so viele sind, mußte die
Sammlung sehr ungleich werden, und diese Ungleichheit
ist hier vielleicht nicht einmal ein Fehler. Dem sey aber
wie ihm wolle, so ist unsre Absicht erreicht, wenn der
Kenner hier einige Stücke findet, die seine Forderungen
befriedigen, und der Liebhaber eine angenehme gesellschaft=
liche Unterhaltung. Auf nichts mehr machen wir Anspruch,
und aus diesem Gesichtspunkte beurtheile man uns.

Es sind, wie in der vorigen, manche Uebersetzungen
und Nachahmungen aus andern Sprachen in dieser Samm=
lung, ohne daß [7] man nöthig gefunden hätte, es anzu=
zeigen. Man hat daraus einen Vorwurf gemacht, aber
uns nicht überzeugt. Der Kenner sieht es meistens un=
erinnert, ob ein Stück Original ist oder nicht, allein dem
Liebhaber, der nicht allemal das Verdienst, einen fremden
Einfall gut auszudrücken, zu schätzen weiß, würden wir
vielleicht nur sein Vergnügen gestört haben. Bey allgemein
bekannten Stücken ist es ein ganz anderes. Hier weiß
es auch der bloße Liebhaber dem zu verdanken, der ihm
ein solches Stück in seiner Muttersprache zu lesen giebt.
Was dem Dichter nicht erlaubt ist, der bey einer Samm=
lung seiner Werke ohne Vorwurf des Plagiats nicht wohl
[8] verschweigen kann, was ihm nicht selbst zugehört, kann
ganz wohl einem Sammler erlaubt seyn, der nur einige
gute Sachen zu erhalten sucht. Findet man aber dem
unerachtet eine solche Verschweigung tadelnswerth, so table
man nicht die Dichter, sondern allein den Herausgeber.

Es bleibt nichts mehr übrig, als den, zum Theil
grossen und berühmten, Männern zu danken, die uns dies=
mal ihrer Beyträge gewürdigt haben. Wir sind so glücklich,
unsre Sammlung mit einigen Namen zieren zu dürfen,
die der Stolz unsrer Nation sind. Wir hätten nur ge=
wünscht, daß es uns erlaubt [9] gewesen wäre, andere

Namen auszudrücken, die unter Buchstaben haben verborgen
seyn wollen. Kenner werden indeß das Gepräge des
Meisters, auch ohne seinen Namen zu wissen, nicht über-
sehen. Alle Namen, die nur genannt werden konnten,
sind genannt: um den Spähern, die nicht begreifen wollen,
daß ein Verfasser sehr oft seine Ursachen haben kann,
sich nicht zu nennen, keine Gelegenheit zum Schwatzen zu
geben. Sie werden freylich an den Buchstaben ihre Ge-
schicklichkeit im Rathen üben, aber, wie der Herausgeber
sie heilig versichern kann, meistens falsch rathen.
[10] Die Fortsetzung hängt von dem Beyfall des Publi-
kums ab. Verlangt man sie, so wünscht der Verleger die
Beyträge vor Ende des halben Jahres zu erhalten, weil
die Verhinderungen, die bisher die Ausgabe verzögert
haben, diesmal wegfallen.

[Holzstock.]

[Folgen 18 Blätter Kalender.]

[Vignette.]

Ode
auf die Geburt des Prinzen Friedrich Wilhelms von Preussen.

Berlin, den 25. Sept. 1744.

Gebt mir den königlichen Rebensaft,
Erzeugt am Rhein, gereift am letzten Hügel
Von Afrika, der meiner Seele neue Flügel
Und einen kühnern Taumel schaft!

[2]   Denn hört ihr nicht? Uns ist ein Brennussohn,
Ein König ist der jungen Welt gebohren!
Es rufen dreyßig ehrne Schlünde (meinen Ohren
Ein jubelgleicher Donnerton!)

Daß wir mit Weinlaub unsre Locken heut,
Mit Amaranten unsre Becher kränzen,
Und diese Nacht mit Liedern feyren und mit Tänzen,
Bis Phosphor uns die Flucht gebeut. — —

O wehe! Wie durchraset mir der Geist
Des Baßareus die Seele! Gnade! Gnade!
Ich will ja singen, Gott der taumelnden Mänade,
Was deine trunkne Wut mich heißt!

[3]   Ja, singen will ich von der Seeligkeit
Des fehdelosen Landes, von der Beute
Der goldnen Gärten, von den Spielen junger Bräute
Beym Weinfest und zur Erndtezeit.

Ich sing, o Cypern, Tyrus und Athen!
Von Schiffen sing ich, die, mit jeder Krone
Der Kunst, beladen mit der Blüthe jeder Zone,
Die Wind in deine Thore wehn;

25   Und von dem neuen Helikon, umringt
Mit Galliern und Britten; und von weiten
Amphitheatern, und wohin von allen Seiten
Die ganze Flut Europens bringt.

[4]   Ich aber, nicht mehr kämpfend um den Preiß,
30   Ermuntre dann durch meinen Zuruf, kröne
Durch meinen Beyfall dann des goldnen Alters Söhne,
Schon längst ein schwanenfarbner Greis.

Zu glücklich! wenn ich dann das Loos erhielt,
Ich Unbestechlicher, mit milden Händen
35   Die theuren Urnen und Tripoden auszuspenden
Den edlen Barden, die gespielt,

Die Flöte süß gespielt, die Laute süß,
Und kühn die mäonidische Drommete;
Die Laute, wie der Greis von Teos, und die Flöte,
40   Die der Siculerhirte blies,

[5]   Und hätte meinem Busenfreunde dann
Entzückt vor allem Volk den Kranz gegeben,
Und es zerrisse mir die Parze schnell mein Leben,
Und dieser König säh es an.

Ramler.

2   Auf Gustav Adolphs Tod.

Zum Schrecken Ferdinands führt Adolph Gottes Krieg,
Und thränend rächete den Märtyrer der Sieg.

Kästner.

Gellerts Tod,
Eine Erzählung.

Als Gellert jüngst, den manche Schöne
Aus Mode liest und liebt, der eitlen Welt entfloh,
Beklagten Doris und Klimene,
Die Karten in der Hand, des Dichters Asche so:

„Madam, Sie werden schon die schlimme Nachricht wissen?" — 5
Sie geben - - Nein! Was ist's? — „Ach! Gellert ist
               nicht mehr." —
Ist's möglich? Ey Madam, das jammerte mich sehr! —
„Sie heben ab." — So früh ward er der Welt entrissen?
Er ist kein Jüngling mehr, allein — „Sie haben Recht!" —
Ich habe schlecht gekauft — „Und ich nicht minder schlecht! 10
[7] Kein Sechziger will heute mehr gelingen." —
Fünf Blätter! — „Sie sind gut!" — Ein niedliches
               Genie! —
„Wie wird ganz Deutschland ihn besingen!" —
Ich liebt ihn ganz gewiß, Madam, so sehr als Sie —
„Die Quart in Coeur, die Terz in Trefle, gelten die?" — 15
Ja, warf ich Pik nicht weg, konnt ich die Quinte haben.
Man hat ihn wohl mit vielem Pomp begraben? —
„So, so!" — Er starb, woran? — „An der Hypo=
               chondrie." —
Drey Damen! — „Nein, drey Könige sind besser." —
Ich zähle zwölf. - - Nie war ein Dichter grösser. — 20
„Und frömmer - - Was er schrieb erbauet wie ein Spruch." —
Weiß es Kleanthis schon? - - Sie wird ihn sehr be=
               klagen! —
„Coeur Aß!" — Ich habe noch drey Buben anzusagen. —
[8] „Sie wußte fast sein ganzes Fabelbuch." —
Und meine Pachterinn singt alle seine Lieder — 25

Hier trat das Mädchen ein: Madam! — „Was giebt
               es wieder?" —
Erschrecken Sie sich nicht, ihr kleiner Hund - - Joli —
Erblaßt fährt Doris auf, ihr zittern alle Glieder:

„Joli! Was ist's? Was bringt ihr? Redet! Wie?" —
Er hat den ganzen Tag auf ihrem Bett gelegen,
Nichts essen und nichts trinken mögen,
Und ächzet laut. — „Das allerliebste Vieh!
„Krank ist er? Krank! — Madam, Sie werden mir ver-
                                        geben —
„Holt einen Doktor her! — Geschwind — ich muß ihn
                                        sehn.
„O den Verlust könnt ich nicht überleben! —
„Wo ist er? — Kommt! Es ist um mich geschehn!" —

                                            B.

[9]   Lied.

            Unser süssester Beruf
            Ist das Glück der Liebe;
            Alles, was der Schöpfer schuf,
            Fühlet ihre Triebe;
            Wann umher der Käfer irrt,
            Suchet er sein Weibchen,
            Wann ein Tauber einsam girrt,
            Klagt er um sein Täubchen.

            Blumen öfnen ihre Brust
            Sanften Morgenwinden:
            Epheu schlinget sich mit Lust
            Um bemooste Rinden;
            Liebenmurmelnd eilt der Bach,
            Unter den Gebüschen,
            Einem andern Bache nach,
            Sich mit ihm zu mischen.

[10]   Liebe tönt der Sänger Heer
            Von den Zweigen nieder;
            Um sie flattern Weibchen her,
            Sträuben das Gefieder,
            Locken, schmachten und entfliehn

Schaamhaft zu Gesträuchen,
Wo, durch zärtliches Bemühn,
Männchen sie erreichen.

 Seelen, die der Schöpfer schuf,   25
Fähig edler Triebe,
Folgt dem süssesten Beruf,
Schmeckt das Glück der Liebe;
Sie nur kann euch freudenreich
Diese Wallfahrt machen,   30
Sie nur führet lächelnd euch
Zu dem schwarzen Nachen.

         Gotter.

[11]   Gott im Donner.   5
   An die Frau von · · ·

Gott wandelt auf dem Wolkenmeere,
Und wenn er winkt, sind ganze Heere
Gespitzter Flammen ausgesandt;
Mit einem Blicke seines Zornes
Ruft er dem Hagel, und zerschlägt den Wald des Kornes, 5
Und eine Weizenhalmenwand;

 Mit einem Hauche seines Mundes
Reißt er, trotz ihres Wurzelgrundes,
Die graugewordnen Eichen aus;
Das Schiff voll krachenden Geschützes   10
Wird Einer Welle Ball, das Opfer Eines Blitzes,
Und Asche wird ein Fürstenhaus.

[12] O Freundinn, diesem Gotte leben
Die Sünder, die mit ihrem Leben,
Wie mit den Lippen, ihn verneint;
Der thierischbebende Matrose,   15
Und der zur Spötterey gewöhnte stolze Grosse
Erzittern, wenn sein Grimm erscheint.

Doch seine Huld wehrt oft dem Grimme;
20 Sie redet in des Donners Stimme,
Und im Orkane spricht ihr Mund:
Wenn Blitz auf Blitz die Luft durchröthet,
Trift der geschwinde Stral, der schnell betäubt und tödtet,
Oft einen trägen Schäferhund,

25 Und oft die stachelgrüne Fichte,
Die, viel zu hoch dem Angesichte,
Dem Wandrer keinen Schatten gab;
Oft fährt er in der Erde Tiefen,
[13] Und öftrer in die Flut, und Frevler, die ihm riefen,
30 Die schleudert er nicht in das Grab.

O! könnt ich doch im Ton der Ode
Den singen, der nicht Lust am Tode
Des oft gefallnen Sünders hat:
Könnt ich, wie Sänger seiner Thronen,   '
35 Ihn preisen, daß auch mich sein Lieben will verschonen
Bey Sündern einer grossen Stadt!

Mich überfällt ein heilig Grauen;
Furcht, Hofnung, zitterndes Vertrauen
Sehn auf der Wetterwolken Thron;
40 Gott, den mein Wandel oft betrübte,
Ist schrecklich. Wenn er mich nicht so unendlich liebte,
Wo führ ich hin vor seinem Throhn?

[14] Wie, wenn der Blitz, sein Diener, käme,
Und meine Seele von mir nähme,
45 So schnell, als der Gedanke fleucht —
Er komme, meinen Kopf zu schlagen!
Von meinem Geiste wird, auf jenem Feuerwagen,
Der Himmel im Triumph erreicht!

                                        Karschin.

Rosalia. 6
1770.

So bist du nun die Meine,
Rosalia? — —
Seit ich dich zu besitzen brannte,
Verfloß ein Säculum. —
Und doch — mit jeder neuen Sonne wuchs   5
Mein zärtliches Verlangen, wuchs mein Kummer.
[15] Zwar kränzte jedesmal der Lenz
Mit schönern Blumen diese Quelle:
Allein, von Thränen finster,
Sah sie mein Auge nicht. —   10
Im tiefsten Hayn, der, unbepfadet,
Des bangen Wildes dunkle Freystadt war,
An eines Baches Schleuse,
Der ächzend über Wurzeln rann,
Fand ich allein Erleichterung für meinen Harm;   15
Denn alles schien mir in die Farbe
Des Grames da getaucht zu seyn;
Die Lüfte schienen da mit mir zu seufzen,
Und jeder Vogel schien mein Leiden zu verstehn.
Unwissend nährt ich so mein Elend.   20
Und, ach! ich hatte keinen Freund
In dieser weiten Trift,
Nicht Eine weichgeschafne Seele,
Die meinen Schmerz empfand.
So stumm, so todt, und so verlassen steht   25
[16] In öder Ebene ein Fels:
So stumm, so todt, und so verlassen stand
Ich manchen langen Tag, empfand nur mehr,
Je weniger ich zu empfinden schien.
In stillen Nächten nur, wann aus zerrißnen Wolken   30
Mitleidig Cynthia auf mich herunter sah,
Ergoß in lauter Klage sich mein Herz. —

    „Feindseelge Götter, die ihr mich verfolgt!"
Rief ich, „was zögert ihr?

35 Um Einen deiner schnellen Pfeile,
Diana, fleh ich nur!
Was soll mir denn des langen Lebens Rest?
Entbehr ich sie — entbehr ich meine Liebe —
Rosalien — was soll sie mir?

40 Die ihr die namenlose Quaal
Der Liebe kennt, die ohne Hofnung glüht,
[17] Nennt eine Last, die meiner gleicht!
Sey noch so stark, sey noch so weise,
Du trägst sie nicht! —

45 Ihr gebt mir nicht, ihr guten Götter!
Den Tod, um den ich bat?
Wohlan, gebt meinem Flehn, gebt meinen heissen Thränen
Rosalien, die ihr für mich erschuft!
War eures Anblicks je auf Erden

50 Ein Schauspiel werth, so wars ein glückliches,
Erkenntliches Geschöpf, das voll Gefühls hinauf
Zum Himmel blickt, und euch mit Thränen dankt. —
Und danken will ich euch, (erhört ihr mich,
Schließ ich Rosalien dereinst in meinen Arm,)

55 Mit meinem ganzen Leben danken, — danken
In allen meinen Liedern.
Was meine kleine Heerde nur vermag,
Will ich euch willig opfern;
[18] Ich schone nicht des breitgestirnten Stiers,

60 Der schon die Lieb in allen Adern fühlt;
Ich schone nicht des Lammes, das an Weisse
Den frischen Schnee beschämt." —

Einst klagt ich so, und mich umleuchtete
Schnell eine Silberwolke,

65 Und eine Stimme klang: „Rosalia sei dein!"
Ich staunt, ich traute meinen Ohren nicht.
Allein ein Rosenduft, der plötzlich mich umfloß;
Ein süßer Schauer, der durch alle Glieder rann,
Und ein Gefühl von Ruh in meiner Brust,

70 Das ich mir selbst nicht gab; ·· das alles lehrte mich:

Die Liebe sey versöhnt, Rosalia sey mein.
[19] So groß mein Elend war, so groß war nun mein Glück;
Nun klärte sich, wie nach Gewittern,
Gemach der Himmel auf;
Nun sah ich durch mein ganzes Leben   75
Nur Einen blumenreichen Weg. —
Und nun — nun bist du schon die Meine, —
Rosalia, — nun drück ich dich an meine Brust,
Und stammle dir, daß du die Meine bist,
Im schönsten Rausch der Freude zu, —   80
In jedem Blick, in jedem Athemzug,
In jedem Ausdruck zu, daß du die Meine bist! —

    So Lycidas der Hirt an einem Sommerabend.
Er saß am Abhang eines Hügels,
In seinem Schooß Rosalia.   85
Zu ihren Füssen rauscht ein Bach
Sanft über Kiesel hin und ward zum Teich;
[20] In seinen Fluten zitterte
Des sternenreichen Himmels Wiederschein. —
Der freudetrunkne Jüngling merkt es kaum,   90
Daß schon in aufgelößten Wolken
Die kalte Nacht herunter floß.   Blum.

An die Feinde eines unbekanntseynwollenden   7
Kritikus.

    Den bösen Kritikus doch einmal zu entdecken,
Bemüht ihr euch, und mit vergebner Wuth;
Vergönnt ihm nur sich immer zu verstecken!
Das ist das klügste, was er thut.   Kästner.

[21]   ## Die Nachtigall.   8

    Der Sommerabend führte mich
Nach einem schwülen Tag zum Hayn.
Die müden Sänger in dem Hayn

Verstummten; nur die Nachtigall
Sang noch ihr göttlich Abendlied.
Bald schlug sie hell, bald seufzte sie,
Bald lockte sie mit hohlem Ton,
Bald schmetterte, bald wirbelte,
Bald lief sie tausend Töne durch,
Wie wenn ein Chor von Sayten rast;
Bald jammerte sie mütterlich,
Als ob der Vogler sie beraubt.
Der Westwind flatterte nicht mehr,
Es horchte der verstummte Bach,
Es lauschte der entzückte Wald,
Und ich verschlang mit offnem Ohr
Den süssen Nachtgesang, und sah,
Voll Sehnsucht und voll Zärtlichkeit,
Durch meiner Pappel dünnes Dach,
Zum wolkenleeren Himmel auf,

[22]   Dem Sitze der Unsterblichen:
Als plötzlich meine Brust ein Schmerz,
Gleich einem scharfen Pfeil, durchdrang.
Und plötzlich schwieg die Nachtigall.
Ich aber schlich der Hütte zu,
Und wartete des Balsamschlafs,
Daß er die Schmerzen lindere;
Allein umsonst! Sie wecken mich
Eh noch Aurora wacht. Ich klag
Umsonst die Wälder an, umsonst
Die Nachtigallen an: gewiß
Sang Amor, der betrügliche,
Dem ich so lang entronnen bin,
Aus dieser falschen Nachtigall,
Und schlich mir, durch mein willig Ohr,
Tief in das Herz, aus dem er, ach!
Auf ewig nicht zu weichen droht.

                                    Thomsen.

[23] **Einbildung und Wahrheit.**

Im dichtrischen Entzücken
Wallt ich durch jene Flur,
Und sah, mit trunknen Blicken,
Die blühende Natur.

Ein Volk von kleinen Westen   5
Durchflatterte die Luft,
Und schüttelte von Aesten
Der Blüthen Balsamduft.

Kastratenmäßig sangen
Die Sänger der Natur,   10
Und Wollust und Verlangen
Durchathmete die Flur.

[24] Ich, ganz in mich verlohren,
Sah Paphos itzt vor mir,
Und hätte drauf geschworen,   15
Ich sey ein Priester hier.

Da hört ich in Gesträuchen,
Ich glaubt ein kleines Reh,
Und, um es zu erreichen,
Gieng ich hoch auf der Zäh.   20

Ich sah — was ich gesehen,
Denkt nur ein Dichter sich!
Ich sah ein Mädchen stehen,
Das einer Göttinn glich.

Sie ists — von den Göttinnen,   25
Die, aus des Paris Hand,
Den Apfel zu gewinnen,
Sich bey dem Wettstreit fand:

[25]   Nein, eine der Najaden —
30   Vielleicht ist Cynthia,
                    Sich in dem Fluß zu baden,
                    Mit ihren Nymphen da. —

                    Schon beugt ich mich zur Erden,
                    Indem ich zitternd schrie:
35   Möcht ich unsterblich werden,
                    Wo nicht, doch sterblich sie!

                    Mit zärtlichen Geberden
                    Rief mir die Schöne zu:
                    Nein, ich will sterblich werden;
40   Laß sehn, wie küssest du?

                    Ich küßt — o Glück! Lucinde,
                    Bist dus — Erdichtung, flieh!
                    Der Wahrheit, die ich finde,
                    Gleicht keine Phantasie.

                                        Weiße.

10 [26]   Auf die
                        Vermählung
            Sr. Excellenz des Herrn
Generallieutenants Freyherrn von Buddenbroock.
            Berlin, im August, 1768.

Dein weiser König schenkt dir Gold und Edelsteine,
Vom größten innern Werth, vom schönsten äussern Scheine,
Und bald ertheilt er dir den höchsten Ehrenstand;
Und Ehre gilt dir mehr, als Gold und Diamant;
5 Und endlich giebt er dir die kronenwehrte Hand
    Der Würdigsten des ganzen Landes,
    Die gleich an Tugenden des Herzens und Verstandes.
[27] Was dein Monarch zuletzt dir zum Geschenk erkohr,
Das ist das herrlichste, nach aller Weisen Lehre:
10 Denn Liebe geht so weit der Ehre
Als Ehre jedem Kleinod vor.   B.

Brutus.   11

Und du, mein Sohn! sprach Julius;
Rom meine Mutter! dachte Brutus,
Und stieß dich tiefer, Dolch der Freyheit!

K.

[Holzstock.]

[28]   ### Der Wiederruf.   12

Zum Henker! fluchte Stolt zu Velten:
Mußt du mich einen Lügner schelten?
Zum Henker! fluchte Velt zu Stolten:
Ich einen Lügner dich gescholten?
Das leugst du, Stolt, in deinen Hals!   5
Das leugst du als ein Schelm und als —
Ha! das hieß Gott dich sprechen, Velten!
Denn Lügner laß ich mich nicht schelten.

N. Z.

An Daphnen.   13

Du fragest mich, wie lange wohl
Die Flamme dauren wird, die ich umsonst dir klage?
O liebe Daphne, welche Frage!
Weiß ich denn, wann ich sterben soll?   Y.

[29]   ### Den 12. Febr. 1766.   14

Gutes Mädchen, von dem stolzen Hofe,
Von dem Sitz der ächten Sclaverey,
Sagt dir eine kleine matte Strophe
Daß dein Freund belagert sey;

Wohl umringt von bunten Legionen,   5
In der Knechtschaft schimpflichen Gestalt,
Und von kleinen kriechenden Spionen
Ekelhaft umarmt und kalt.

Auf dem hohen tragischen Cothurne
10   Nimmt ein Staatsrath meinen Blick in Acht,
Und, im Hinterhalt, an einer Urne
Hat ein Kammerherr die Wacht.

[30]   Am Camin, auf meinen offnen Flanken,
Schwärmt der Schmeichler leichte Reuterey,
15   Ob vielleicht ein Ausfall von Gedanken
Von mir zu befürchten sey.

Wie erbärmlich sind die kleinen Künste
Grosser Höfe dem rechtschaffnen Mann,
Der das Schicksal leidender Verdienste,
20   Der den Undank tragen kann!

Wahre Hoheit läßt sich nicht verbergen,
Sie verlacht die niederträchtge Brut
So schläft ruhig, unter tausend Zwergen,
Gulliver in Lilliput.

Fr. v. - - -

[31]   [Vignette.]

15   Die Zephyren.

Ihro Königlichen Hoheit der Erbprinzeßin
von Braunschweig gewidmet.

Erster Zephyr.

Was flatterst du so müßig hier im Rosenbusch?
Komm! Komm! Ich fliege mit dir ins Thal; dort baden
Nymphen sich im schattigten Teich.

[32]   Zweyter Zephyr.

Nein, ich fliege nicht mit dir; ein süsser Geschäft will ich
5 verrichten, als müßige Nymphen zu umflattern; hier kühl
ich meine Flügel im Rosenthau, und sammle liebliche
Gerüche.

Erster Zephyr.

Was ist denn dein Geschäft, das süsser ist, als in
die muthwilligen Spiele der Nymphen sich zu mischen?

Zwenter Zephyr.

Bald wird ein Mädchen hier den Pfad vorüber 10
gehn, schön wie die jüngste der Grazien. Mit einem
Korb geht sie mit jedem Morgenroth zu jener Hütte, die
dort am Hügel steht; die Morgensonne glänzt an das
bemooste [33] Dach; dort reichet sie der Armuth Trost
und jedes Tages Nahrung; dort wohnt ein Weib, fromm 15
und krank und arm; zwen unschuldvolle Kinder würden
hungernd an ihrem Bette weinen. Bald wird sie wieder-
kommen, die schönen Wangen glühend, und glänzende
Tropfen im dunkelblauen Auge, Thränen des Mitleids
und der süssen Freude der Armuth Trost zu senn. Hier 20
wart ich, hier im Rosenbusch, bis ich sie kommen seh;
mit kühlenden Schwingen flieg ich ihr dann entgegen,
und mit süssen Gerüchen, erquick ihre Wangen, und küsse
die Thränen von ihren Augen. Sieh, das ist mein Geschäft!

Erster Zephyr.

Du rührst mich. Welch süsses Geschäft ist das! Auch 25
ich will meine Flügel kühlen, will mit dir fliegen, [34]
wenn sie kömmt. Doch sieh, am Weidenbusch kömmt sie
daher! Welche ernste Unschuld reizt auf ihren Wangen,
welch nachläßiger Reiz in jeder Gebärde! Auf schwinge
deine Flügel! So schöne Wangen hab ich noch nie gekühlt.

Geßner.

Grabschrift.   16
Nach dem Griechischen der Anthologie.

Saon, Difons Sohn, der fromme Mann,
Ruhet hier. Er ruhet! Denn man kann
Von den Guten, die sich Götterhuld erwerben,
Doch nicht sagen, daß sie sterben.

Gleim.

17 [85]   **Das gleiche Glück der Ehe.**

   Es theilten Matz und Adelheide
Stets unter sich Verdruß und Freude:
Jung lachte sie bey seinem Gram,
Er lachte, da ihr Alter kam.
5 So rechnet man in unserm Lande
Sehr oft das Glück im Ehestande.
Wenn sie verliehrt, gewinnt der Mann,
Der sonst verlohr, da sie gewann.

                                     v. Thümmel.

18   **Grabschrift eines Säufers.**

  O Wandrer, hüte dich hier Thränen zu vergiessen!
Des Wassers ärgster Feind liegt unter deinen Füssen.

                                         v. K.

19 [86]   **Das Landleben.**

   O Freund, dem unter niederm Dach
Die seelge Zeit verfließt,
So wie der sanfte Silberbach
Sich durch die Au ergießt;

5   Dein Schlaf fliegt mit der Dämmrung fort;
Du eilest, satt der Ruh,
Ins Feld: Gesundheit strömt dir dort
Aus tausend Blumen zu.

   Du siehst die Flur sich ihre Brust
10 Mit Perlen überziehn,
Du siehst voll jugendlicher Lust
Des Himmels Wange glühn.

[87]   Der Sprosser hüpft von Zweig auf Zweig,
Und jubiliert dir vor;
15 Dein frohes Loblied steigt zugleich
Mit seinem Lied empor.

Du fühlst, wie Zephyrs linder Hauch
Den schwülen Mittag kühlt,
Und mit der Aehrenwälder Rauch
In blauen Wirbeln spielt.   20

Du trinkst den süssen Traubenmost,
Und schöpfest frischen Muth;
Der Feldbau würzet dir die Kost,
Und schaft dir leichtes Blut.

Du ruhst, zufriedenes Gemüths,   25
Und träumst von deinem Glück;
Ein heiliger Gesandter siehts,
Und eilt zu Gott zurück.

                                        Thomsen.

[38]   **Minerva**   20
bey der Wiege des neugebohrnen preußischen Prinzen
    Friedrich, Heinrich, Aemilius, Carls.
        Berlin, 21. Octobr. 1770.

O Brennussohn! was künftig dein Schicksal ist;
Ein König, oder Feldherr des Königes,
Der nach dir kommen mag, verhüllet
Dir und dem Lande mein ernster Wille.

[39]   Nimm ißt dein Erbgut: fürstlichen Genius;   5
Und einst erwirb·dir häusliche Tugenden
Des weisen Bürgers; und dann lebe
Zwiefach ein König und mein Erwählter!
                            E. D. v. R. g. v. W.

An einen stolzen Herrn von Adel.   21

Freund! wenn dein Stammbaum uns nur erst beweisen kann,
Daß, Glied vor Glied, von deinem Ahnherrn an
Verstand und Tugend abgenommen,
So tret ich deiner Meynung bey,
Daß das Geschlecht, von dem du abgekommen,
Das älteste im Lande sey.   v. Thümmel.

22 [40]   Die Tochter.

Lied.

[Mit Musik von Benda.]

Mama, daß Sie mich liebreich hüten,
Das kann ich Ihnen nicht verbieten;
Und ist gleich die Gefahr noch weit,
Dank ich doch Ihrer Zärtlichkeit;
5   Doch nehm ich mich nicht selbst in Acht,
So werd ich nur umsonst bewacht.

Vielleicht, was ich sonst nie begehrte,
Reizt mich nur, weil man mir es wehrte;
Frey soll mich sanfte Tugend ziehn,
10   Doch Fesseln brech ich, sie zu fliehn;
Drum nehm ich mich nicht selbst in Acht,
So werd ich doch umsonst bewacht.

[41]   Nie wird den Müttern Klugheit sagen,
Was muntre Mädchen listig wagen,
15   Damit ich keine Thorheit thu,
So trauen Sie mir Weisheit zu;
Denn nehm ich mich nicht selbst in Acht,
So werd ich ganz umsonst bewacht.

                                    Kästner.

23   Ueber Sylviens Bildniß.

Der Maler übertrift durch seine Zauberstriche
Selbst alle Schönheit der Natur!
Jüngst malt er Sylvien, und alle wünschten nur,
Daß sie dem Bildniß gliche.   J.

24 [42] An den Besitzer eines schönen Landgutes,
bey Gelegenheit einer verunglückten Beschreibung davon.

Mein Freund! wer Stazens Ode liest,
In der er jüngst dein Tusculan geschildert,
Der denket Wunder, wie verwildert
Der Pindus und dein Landgut ist!   v. Thümmel.

Der Hexametrist. 25

Des niedern Fluges Feind, des armen Reimes Haßer,
Fliegt Dunkel schwülstig in die Höh;
Sein Lied — es schimmert wie der Schnee:
Doch löse beyde auf, was bleibet übrig? — Wasser.

3.

[43]
An Herrn Michael Denis, 26
aus d. G. J.
Lehrer am Theresiano zu Wien.
Im Jenner, 1770.

Freund, o Freund! du fragest mich,
Was ich mache? Freund! ich lenke
Mein Gedankenschiff auf dich,
Schwimm auf deiner Donau, denke
Deinen Kayser, Freund! du bist   5
Priester Gottes, und ein Weiser!
Tir vertrau ichs: Joseph ist
Mehr ein Menschenfreund als Kayser!

Wär er Kayser mehr, o Freund!
Wollt er seine Staaten mehren,   10
Gegen aller Christen Feind
Zög er dann mit seinen Heeren;
Legte Stambols Mond in Staub,
Und mit christlichen Panieren
[44] Nähm er des Propheten Raub,   15
Und du sähst ihn triumphiren,
Und du sähest ihn in Wien
Einen Friedenstempel bauen,
Und darinn besängst du ihn,
Und die einzige der Frauen,   20
Welche mehr als Männer that,
Gegen meines Friedrichs Siege!
Wär ich Josephs Kriegesrath,
Rathen müßt ich ihm zum Kriege!

Menschenliebe könnte Krieg
Wohl so gut als Haß erklären.
Unsre Gottheit würde Sieg
Wider einen Feind gewähren,
Welcher, zu der Hölle Lust,
Alle Menschheit ausgezogen,
Und, an einer Tigerbrust,
Grausamkeit in sich gesogen;
Wider einen Feind, geschwächt
In Pallästen und in Hütten,
Der Natur und Völkerrecht
Uebertritt, und gute Sitten.

[45]   Welche Paradiese, Freund!
Könnten unter beyden Zonen,
Schlüge Joseph diesen Feind,
Menschen wiederum bewohnen!
Menschen! Thales, Xenophon,
Aristides, Periander,
Sokrates, Anakreon,
Pindar, Philipp, Alexander
Waren Menschen! Freund, o Freund!
Dein erhabner grosser Kayser
Wäre nicht ein Menschenfeind,
Wär ein Menschenfreund, ein Weiser,
Wenn er einen Wüterich,
Welchen Menschenquaal ergötzte,
Von dem Throne stürzte, sich
Hin an seine Stelle setzte;
Die Tyrannen Asiens
Herschen lehrte; nach Gesetzen,
Ein Lycurgus Gräciens,
Lehrte Geist und Tugend schätzen:
Lehrte die Gerechtigkeit
[46]   Cadis (*) und Effendis (*) üben,

(*) Türkische Richter und Gelehrte.

Die Veziere Höflichkeit (**)
Und die Muftis Menschen lieben. (***)   60

                                Gleim.

(**) Der Großvezier sagte zu dem polnischen Grafen Potocki:
du Hund!
(***) Der Mufti raubte durch seine so genannte Fetfa, oder
geistliche Sentenzen, den Griechen ihre Güter, und den wallachi-
schen Christen ihr Leben.

[Holzstock.]

[47]   Fabel.   27

Mit stolz erhabner Stirn, und nicht durch Last gedrückt;
Sprach einst ein leerer Halm zu einer vollen Aehre:
„Wie kömmt es, daß dein Haupt so nach dem Boden nicht?"
So gleich versetzte die, dem Brüderchen zur Lehre:
„Ich stünde freylich nicht so tief herab gebückt,   5
Wenn ich so leer wie du in meiner Stirne wäre."
                                Q.

An ein Mädchen, das in der Kirche plauderte.   28

So sehr dich Jugend, Reiz, Witz und Verstand erheben,
So ziemt das Plaudern dir an diesem Orte nicht;
Dorinde, du vergißt, indem dein Mund so spricht,
Daß selbst vor Gott die Engel beben.
                                Y.

[48]   Wiegenlied.   29

Du, der aus seiner Wiege
So stirnefaltend blickt
Wie Cato in dem Kriege,
Da Rom an Rom gerückt,

Und kaum ein kleines Lachen   5
Auf eine Mutter lenkt,
Die göttlich, wie der Gracchen
Erhabne Mutter, denkt;

Erheitre deine Wange
10 In ihrem sanften Blick;
Und horche dem Gesange
Von deines Lebens Glück!

Ihr Finger führt dich spielend
Den Pfad der Frömmigkeit,
15 Weil ihre Lippe fühlend
Sich deinen Lippen beut.

[49] Wenn, ausser Ball und Kräuseln,
Du wenig Dinge liebst,
Und noch nicht auf das Säuseln
20 Des Zephyrs Achtung giebst;

Dann bringt sie ihrem Kinde
Die grosse Lehre bey,
Daß Gott im Frühlingswinde,
Im Sturm und Wetter sey;

25 Daß er den Menschen kannte,
Und ihn, nach Vaterart,
Bey seinem Namen nannte,
Eh seine Seele ward;

Und daß er die Gedanken,
30 Wie Wort und Werke, schätzt,
Und unserm Willen Schranken
Durch seinen Willen setzt;

[50] Und daß er unsre Jugend
Zum süssen Opfer heischt:
35 Und daß uns nie die Tugend
In der Belohnung täuscht.

Dies alles wirst du hören
Von deiner Mutter, Kind!
Und fühlen, daß die Lehren
40 Der Grund zum Glücke sind;

Und deine Stirne falten,
Wie Cato, wenn mans wagt,
Von dem dich abzuhalten,
Was sie dir vorgesagt.

Karschin.

[51]   Der Unentschlossene.   30

Was mir ihr Blick versprach, versaget mir ihr Wort;
Sie kommt und fleucht, sie lockt und scheuchet wieder fort;
Sie giebt und nimmt, was sie mir erst gegeben;
Verzweiflung giebt sie mir und giebt mir wieder Leben;
Itzt wie der Felsen hart, den nie ein Sturmwind beugt,   5
Itzt wie ein Veilchenblatt, das jeder Zephyr neigt.

Ihr Götter! Lieb ich? — Haß ich sie? —
O rettet mich aus dieses Zweifels Hölle!
Ein Tantalus irr ich an dieser Quelle
Glaub ewig sie zu haschen, und erhasch sie nie!   10

v. K.

[52] Das Fest des Daphnis und der Daphne.   31
Ein Wettgesang.
Am Tage der Vermählung des Prinzen Friedrich Wilhelms
von Preussen,
und der Prinzeßinn Friederike Louise
von Hessendarmstadt.

Der Schäfer.

Ich will den edlen Daphnis singen, der zur Braut
Die junge Daphne sich erkohr,
Und will ein jährig Böckchen, und den besten Most
Vom Neckar opfern und vom Rhein.

[53]   Die Schäferinn.

Von Daphnen will ich singen, von der edlen Braut,   5
Die würdig unsers Daphnis war;
Ihr will ich Blumen, und von jeder Sommerfrucht
Ein auserlesnes Körbchen weihn.

Der Schäfer.

Mein Lied sey Daphnis, der die süssen Sayten rührt
10   Des Sängers aus der fremden Flur,
Womit er Löwen oder wilde Männer zwang,
Er selber spröde Nymphen zwingt.

Die Schäferinn.

Mein Lied sey Daphne, die viel süsse Lieder lernt
Von Schäfern unsrer eignen Flur.
15   Seit unsre Schäfer singen, wie die Nachtigall,
Die Fremden, wie die Grille singt.

[54]   ### Der Schäfer.

Wo Daphnis hintritt, steige
Ein heiliger Lorbeerwald auf:
Zur Krone für den Jüngling,
20   Der Räuber und Wölfe verjagt;
Zur Krone für den Sänger,
Der göttliche Lieder erfand.

Die Schäferinn.

Wo Daphne wandelt, sprosse
Ein feuriger Rosenwald auf:
25   Zum Kranze für den Jüngling,
Der fröhliche Feste begeht;
Zum Kranze für die Hirtinn,
Die Jugend und Liebe beseelt.

Der Schäfer.

Ich preise meinen Daphnis, der die Künste liebt,
30   Die man an fremden Ufern ehrt;
Er führt sie bald in unsre Schäferhütten ein,
Dann hebt ein goldnes Alter an.

[55]   ### Die Schäferinn.

Ich preise meine Daphne, meine Daphne liebt
Die frommen Sitten unsrer Flur;

Asträa kehrt vom Himmel auf die Flur zurück;
Dann hebt ein goldnes Alter an.

Der Schäfer.

Den Daphnis lieb ich, der die schönsten Heerden zieht,
Als Jüngling seiner Fluren Ruhm;
Der vor Gefahr sie schützen, sie vergrössern kann,
Im Alter einst der Hirten Gott.

Die Schäferinn.

Ich liebe Daphnen, die den Hirten glücklich macht;
Zwiefacher Honig ist ihr Mund;
Die seine Sorgen theilen, sie versüssen kann;
Schon jung Gesäng und Opfer werth.

[56] ### Der Schäfer.

Mit Nectarbächen tränke,
O Liebe, dies göttliche Paar!
Das Alter sey der Weisheit,
Die Jugend der Freude geweiht!

Die Schäferinn.

In warme Freundschaft wandle
Die feurige Liebe sich bald!
Die weise Freundschaft dauret,
Die trunkene Liebe verfleucht.

Der Schäfer.

Ihr Himmlischen, höret mein Lied!
Gebt einen Sohn dem Daphnis;
Des Vaters holdseeliges Bild,
Den Stolz der keuschen Mutter,
Die Krone der seeligen Flur!

[57] ### Die Schäferinn.

Ihr Liebenden, höret mein Lied!
Umarmt noch Enkelsöhne;

50   Der Götter allgütigen Lohn,
     Das Wunder aller Fluren,
     Die Sterne der künftigen Welt!

                              E. D. v. R. g. v. W.

32   Leibnitz.

Von mir ward Leibnitz dir gegeben,
Warf Sachsen einst Hannover vor;
Dir, sprach Cheruskien, hieß ihn ein Zufall leben,
Mir sein erkannter Werth, nach dem ich ihn erkohr.
5 Das Glück gab dir ihn erst; du ließest dir ihn nehmen;
   Ist das zum Pralen Grund? Ists einer sich zu schämen?

                              Kästner.

33 [58]   Warnung vor Hymen.

                    Lied.

           [Mit Musik von Wolf.]

     Wann die Hochzeitfackel lodert,
     Sehet, welcher Gott sie hält!
     Hymen kömmt, wenn man ihn fodert,
     Amor, wenn es ihm gefällt.

5   Zu dem zweifelhaften Bunde,
         Der des Lebens Freyheit raubt,
         Schlägt die feyerliche Stunde
         Immer eher als man glaubt.

         Wünsche, Triebe, Phantasieen,
10   Alles ist euch itzt noch frey;
         Lieben könnt ihr, ihr könnt fliehen,
         Ohne Vorwurf, ohne Reu!

         Tauschet diese Frühlingstage
         Um die Lockung Hymens nicht!
15   Trug ist seine sanfte Klage,
         Träume sinds, was er verspricht!

[59]   Flieht vor seinen goldnen Stricken,
Flieht, mit weiser Fröhlichkeit,
Bis die Jugend euch den Rücken
Zur verhaßten Warnung beut!   20

Aber wenn ein süsses Feuer,
Das nicht Ueberlegung stillt,
Täglich mächtiger und neuer
Euren jungen Busen füllt;

Wenn Vernunft, mit Reiz verbunden,   25
Euch zum Schwur der Treue zwingt,
Und, mit Rosen rund umwunden,
Amor selbst die Fackel bringt;

Stehet dann, geführt von Scherzen,
Hymen lächelnd vor euch da,   30
Ach! so ruft, aus vollem Herzen,
Lieber heut als morgen, Ja!

                                            Gotter.

[60]   **Die gründliche Betrübniß.**   34

Auf seinem Todbett liegt Lubin,
Sein Weib ist voller Jammer!
Und, ach! aus beyder Busen fliehn
Viel Seufzer durch die Kammer.

Doch sagt man, daß vor gleicher Noth   5
Nicht beyde Gatten beben;
Der Mann befürchtet seinen Tod,
Und seine Frau sein Leben.

                                            Löwen.

Der Reichthum.   35

Sprich, welch ein schätzbar Gut kann Plutus uns erwerben?
Das Laster blüht durch ihn und Tugend läßt er sterben.

                                            v. K.

36 [61] Empfindungen bey einer unglücklichen Liebe.

Armes Herz, wann wird dein Kummer schweigen,
Der, allein den edlen Herzen eigen,
Stets die Tugend trifft?
Jeder Pulsschlag, jede neue Stunde
5 Mehrt mein Leiden, wühlt in meiner Wunde,
Wird mir neues Gift.

Ist es strafbar, was ich itzt empfinde,
So ist Alles Schwachheit, oder Sünde,
Keine Tugend mehr!
10 O! so wiegt mir diese Hand voll Erde,
Dieses Leben, fruchtbar an Beschwerde,
Unerträglich schwer!

[62] Nicht der Tag, vor dem Monarchen beben,
Nicht mein Schicksal, nicht mein Glück, mein Leben,
15 Zeuget diesen Schmerz;
Die Empfindung edler, zarter Triebe,
Klagt um eine hintergangne Liebe,
Jammert um ein Herz.

Dies Gefühl, dies mitleidswehrte Sehnen,
20 Diese wahren, untröstbaren Thränen,
Rühren sie von mir?
Diese Glut, die nagend in mir lodert,
Zärtlich liebt, und wütend Rache fodert,
Stammt, Natur, von dir!

25 Rache? · · · Schweig, unrühmlicher Gedanke!
Halte mich, o Tugend, wenn ich wanke;
Rache kennst du nicht!
Segne zehnmal, was ich heut verliehre,
Und verzeih ihr die gebrochnen Schwüre,
30 Die verletzte Pflicht!

[68] So viel Unschuld, so viel Seltenheiten
Sind vielleicht in diesen schwarzen Zeiten
Zu viel Glück für mich;
Ach! was sterblich ist zeigt seine Mängel;
Ehmals warst du, theures Kind, ein Engel,   35
Itzt ein Mensch, wie ich.

Fr. v. ⸱ ⸱ ⸱.

Auf einen Kandidaten.   37

Stax will sich nun dem Tempel weihn;
Wozu wird er wohl tauglich seyn?
Beym Tempel Salomons wüst ich es doch zu sagen:
Da wär er gut, das ehrne Meer zu tragen.

Kästner.

[64]   ·   ## Der Romanenritter.   38

Das zarte Fräulein Rosemund,
Das sonst von Liebe nichts verstund,
Hatt, ungefähr seit funfzig Wochen,
Des Spieles Süßigkeit gerochen,
Das ihre Frau Mama gespielt,   5
Als sie die Existenz erhielt.
Nun gab ein Herr von sechzehn Ahnen,
Ein treuer Leser der Romanen,
Und Feind von jedem klugen Buch,
Ihr alle Tage den Besuch;   10
Der nichts als Zimmet der Banise
Von seinen Honiglippen bliese;
Die römische Octavia
Dabey des Tags wohl zwier durchsah,
Sinnreiche Thränen, hohe Klagen   15
Ihr rittermäßig vorzujagen,
Wodurch ers denn so weit gebracht,
Daß sie ihn zärtlich angelacht,
Die Blicke stets auf ihn gewendet,
[65]   Ihm heiße Seufzer zugesendet,   20
Die ihm verdeutschten, was ihr wär, — —
Doch wer war sittsamer als er?

Einst, als sich der Romanenheld
Amadisirend eingestellt,
25 Lag sie, entfernt vom Weltgetümmel,
Halbangekleidet unterm Himmel
Des prächtgen Bettes von Damast,
Und zitterte vor Warten fast,
Und schmolz vor süssen Bangigkeiten,
30 Und winkt ihm immer von der Seiten,
Aus Wollust, weil sie ihn so nah
An ihrem Schwanenlager sah. — —
Er, als er zitternd sich gebücket,
Noch zitternder sie angeblicket,
35 Zog nun aus seines Busens Schrein
Den alten Seufzer: Göttinn mein!
Wär ich mit dir ins Waldes Schatten,
Wo sich die sanften Weste gatten,
An einem Quell, ich wollte dir —
40 [66] Was, sprach die Schöne, wolltet ihr?
Mir mit dem Stal den Hals durchschneiden?
Das mag der Henker von euch leiden!
Sprang, als sie dies im Zorn geredt,
Von ihm ins nächste Kabinett.

Q.

39 Beytrag zu einer Sammlung von Widersprüchen.

Der Oberpriester Michael
Sagts, und betheurts bey seiner Seel:
Voltaire sey ein Teufelskind;
Indeß, ihn zu verewigen,
5 Die Musen und die Grazien
Bey Pigal (*) schon beysammen sind.

- - L.

(*) Der berühmte Bildhauer, der itzt mit der Statue des
Herrn von Voltaire beschäftigt ist.

[67]   **Der kurze Prozeß.**   40

$\mathfrak{W}$ohl angebrachte Schmeicheleyen
Bethören selbst gesetzter Männer Sinn.
Dies wußte die Pariserinn,
Die, müde jetzt von ihres Gegners Schreyen,
Ihn lebhaft unterbrach: „Herr Advocat, wohin   5
Mit allen den Sophistereyen?
Sie müssen selbst gestehn, daß ich·betrogen bin;
Denn mein Accord war auf Tapezereyen
Mit menschlichen Figuren, groß und schön,
Wie der Herr Präsident. Nun die sind nicht zu sehn;   10
Drum darf ich auch den Kauf nicht halten!
Es sind zwar menschliche Gestalten,
[68] Doch krumm und steif, wie dieser Advocat,
Der aller Welt Gedult so lang gemisbraucht hat."

    Der Advocat stand, wie vom Blitz gerühret,   15
Und murmelte den ärgsten Fluch;
Der Präsident, durchs schöne Lob verführet,
That für die Frau den besten Spruch.
                                          v. D.

                An einen Dichter.   41

    Kunstrichter werfen dich mit Koth;
Entfliehe, Freund, du wirst getroffen!
Entfliehe dem Werfer, der grimmig dir droht!
Der Tempel der Grazien stehet dir offen.
                                          G.

[69]   **Das Glück der Liebe.**   42

$\mathfrak{D}$as Schicksal zeigte mir jüngst auf zweenen blumichten
                                                Wegen
Der Lieb und Weisheit mir winkendes Glück;
Wähl Eines! sprach es. Ich gieng sogleich der Weisheit
                                                entgegen,
Doch sah ich immer nach Doris zurück.

5 Sie gieng mich schüchtern vorbey, dem schlausten Amor
                                   zur Seiten;
Er aber, der meine Wünsche verstand,
Wie listig wust er sie nicht durch manchen Umweg zu leiten,
Bis sie an meiner Seite sich fand!

[70] Itzt war mein Schicksal getäuscht! Mit unausprech-
                                   lichen Blicken
10 Dankt ichs dem Amor, der mächtiger ist.
Dank seys dem Amor! Was gleicht der Liebe sanftem
                                   Entzücken,
Das man im Wege der Weisheit genießt!
                                   v. Thümmel.

43   Selinde.

Wohin Selindens schwarze Augen rollen,
Da rollen sie Vergnügen in ein Herz:
Gesellig ohne Zwang, liebt und versteht sie Scherz.
Ach! aber den empfindungsvollen
5 Geheimen Scherz, der aus der Seele fließt,
In halben Worten nur, in Blicken sich ergießt,
Den hat sie nie verstehen wollen.
                                   O.

44 [71]   Auf eine Ungnade bey Hofe.

Es geben sich hienieden reine Tugend
Und reiches Glück gar selten Hymens Hand:
Nur im Olymp und bey der Erde Jugend
War stets ihr Bund den Sterblichen bekannt.
5 Sind sie jedoch zuweilen noch beysammen,
Wie Gatten sind, so löschen ihre Flammen
Doch bald, und bald zerreißt ihr ehlich Band.
Gemeiniglich läuft Tugend von dem Gatten
Am ehsten fort, und hat ihn nicht mehr lieb.
10 Dann singt die Welt von ihrer Flucht der Matten
Ein spöttisch Lied. Doch, liebe Welt, vergieb!

[72] Fortuna fühlt zum Wechsel gleichen Trieb.
Mir zum Beweis kömmt Damis Fall zu statten,
Wo sie entfloh, und nur die Tugend blieb.

C.

[Die Franzosen.]   45

Wenn übern Rhein die Herren Nachbarn giengen,
Und wir sie dann nach altem Brauch und Art,
Ein wenig hart
Im wehrten deutschen Vaterland empfiengen,
Da bauten sie nicht stets sich Ehrentempel;   6
Bey Roßbach zum Exempel.

A.

[73]   An den Herrn Kanonikus Jacobi   46
bey seiner Durchreise durch
Göttingen
den 20. Sept. 1770.

Beym Phöbus wünscht ich mir Cytheren jüngst zu finden,
Und sah sie nur mit ihm verschwinden:
Doch gern vergeb ich ihr, daß sie mir dort enteilt,
Wenn nur bey uns ihr Dichter itzt verweilt.

Kästner.

[74]   An Phöbus.   47
nach dem Tibull. [IV, 4.]

Komme zu des besten Mädchens Bette,
Blonder Phöbus, komm herab und rette!
Glaube mir, es wird dich nicht gereun
Einer Schönen Arzt zu seyn!

Laß die holden Wangen nicht verbleichen,   5
Laß des Fiebers Gift nicht länger schleichen
In den Adern, scheuche vor dir her
Jedes Uebel tief ins Meer!

10 Komm, o Göttersohn, zu uns hernieder!
Balsamschlummer bring uns mit und Lieder,
Süsse Lieder, deren Zauberkraft
Kranken Herzen Lindrung schaft!

[75]   Tröste doch den Jüngling, der in Thränen,
Leise schluchzend, bald am Bett der Schönen,
15 Seufzer flüstert, bald verzweifelnd, wild
Alle Götter grausam schilt! —

Traue, Damon, Phöbus deinem Retter!
Liebende sind stets im Schutz der Götter
Liebe nur beständig, zärtlich, rein;
20 Und dein Mädchen bleibet dein!

Weine nicht! Noch ist sie ganz die Deine;
Still und fühlend denkt sie dich alleine;
Sorglos, wenn der Muhmen Schaar verzagt
Um sie her vergeblich klagt.

25 [76]   Hilf, o Phöbus! Zwiefach ist dies Leben,
Zwiefach wird man deine Kunst erheben,
Wenn sie freundlich für die schöne Welt
Ein so schönes Paar erhält.

Dann wirst du der Götterlust dich freuen,
30 Wann dir beyde dankbar Opfer weihen,
Dann wünscht jeder gute Gott: er sey
Auch ein Gott der Arzeney!

E.

[Holzstock.]

[77] **Pisistrat,** 48
eine Erzählung.

Dem Freyherrn von Bubdenbrood
zugeeignet.

Berlin, 13. Dec. 1769.

Du kennst, mein Freund, den klugen Pisistrat,
Den tapfern, den beredten Helden:
Ich will dir itzt von ihm nur eine That vermelden,
Ich weiß, du billigest die That:
Sie hat ihm einst das Lob von Griechenland erworben. 5
Ihm war sein redliches, sein schönes Weib gestorben;
[78] Da sprach er bey sich selbst: wie ehr ich mein Gemahl?
Durch meine Reden? meine Seufzer? meine Qual?
Nein, ihre Tugend muß für mich nicht untergehen,
Ich will ihr holdes Bild stets gegenwärtig sehen. 10
Er sprachs, und schritt zu einer neuen Wahl.
Die Söhne hörten ihn von seiner Wahl erzählen,
Und sie befremdete der Vorsatz sehr:
Sie fragten: Vater, liebst du uns nicht mehr? —
Ja freylich lieb ich euch, drum will ich mich vermählen: 15
Von Söhnen eurer Art wünsch ich noch mehr zu zählen!
X.

[79] **Bacchus und Venus.** 49

Amor ist mein Lied!
Schön ist er bekränzt! (*)
Wie sein Auge lacht!
Seine Wange glänzt!
Seht, wie stolz er da 5
Seinen Bogen trägt:
Ganz gewiß hat er
Einen Held erlegt!
Seinen Wagen ziehn
Bacchus Tiger her: 10

(*) S. Lieder nach dem Anakreon.

War in aller Welt
Je ein Kind, wie er?

Aber Bacchus schleicht,
Traurig und entlaubt,
15 Durch die Reben hin,
Senkt sein schönes Haupt.
[80] Bacchus trinkt nicht mehr,
Seufzt nur: Paphia!
Ganz gewiß liebt er
20 Venus Cypria!
Amor lacht und fährt
Im Triumph daher:
War in aller Welt
Je ein Kind, wie er?

25 Aber Paphia
Schleicht in Bacchus Hayn,
Klaget ihre Pein,
Trinket Cyperwein,
Seufzt nur: Bromius!
30 Seufzt: Jdalia!
Ganz gewiß liebt ihn
Venus Cypria!
Amor ist mein Lied!
Keinen sing ich mehr!
35 War in aller Welt
Je ein Kind, wie er?

v. Gerstenberg.

50[81] **An Herrn Herder.** (*)

Wem schenk ich dieses kleine Büchelchen?
Gebunden in Kalbleder oder Gold,
Ist gleiche viel, ist nur der Inhalt nicht
Kalbleder! dir, mein Herder schenk ich es!

(*) Dies Stück war eigentlich zur Zuschrift vor einer kleinen Sammlung scherzhafter Lieder bestimmt, die aber nicht herausgekommen ist.

Du schätzest meine leichten Scherze, bist   5
Der Freudengötter, bist der Dichter Freund,
Vom hohen Klopstock, bis herab zu mir,
Und trägst ein redlich Herz in deiner Brust.
[82] Genug zu einem gütigen Mäcen!
Denn einen gnädigen verlang ich nicht,   10
Und einen reichen noch viel weniger.

Leotides, der Wechsler, einst ein Fürst!
Der wäre wahrlich gerne mein Mäcen!
Gediegen Gold hat er im Ueberfluß.
Er gäbe für mein kleines Büchelchen   15
Ein halbes Schock nur leicht beschnittener
Dukaten wohl. In Wahrheit gäb er mir
Ein Tönnchen, Freund, ich schenkte dennoch ihm
Es nicht! Was sollt er mit dem Büchelchen?
Könnt er es lesen? Es verstehen? Nein!   20

Er erbte ja von seinem Vater nicht
Verstand, wie du! Was erbt er? lauter Gold!
Er that auf hohen Zins es aus, er gab
[83] Dem grossen Winkelmann, dem edlen Abt,
Dem weisen Mendelsohn nicht einen Deut   25
Für ihre Weisheit! Stehen sah ich ihn
An dem Altar der Dummheit! Ob er schon
Ihr Priester war? Ob er der Göttinn erst
Den Eid der Treue schwur? Das weiß ich nicht.
Genug! Mein Büchelchen schenk ich ihm nicht!   30
Er nähm es, sagte trotzig: „Hier, mein Herr!
Ein kleines Trinkgeld! Nehmen Sie, mein Herr!"

Und ich? Ich stünd, ein armer Tropf, vor ihm,
Nähm es, trüg aber alsobald das Geld
In seine Küche, gäb es seinem Koch,   35
Und sagte: „da! sein guter Herr schickt ihm
[84] Ein kleines Trinkgeld; nehm er es, Herr Koch!
Und sag er seinem Herrn, ich hätt es ihm

Wohl eingehändiget!" — Für ein Gericht,
40 Das einen Leckermund befriediget,
Ist solch ein Trinkgeld gut genug! Allein
Bey weitem nicht, o Duns Leotides,
Für ein Gericht in einem Büchelchen,
Das eine Muse dir zu schmausen giebt,
45 Und wäre gleich die Muse nur, o Duns!
Ein Mädchen, welches mich begeisterte,
So wär es für das kleinste Liebchen nicht genug!

Bezahlt ein Zentner Gold ein Quentchen Witz?

Genug hingegen ist von dir, o Freund!
50 Ein Wink des Wohlgefallens, wenn, hinauf
[85] Zum hohen Klopstock, und herab zu mir,
Schönheiten, groß und klein, und nah und fern,
Dein kennerisches Adlerauge forscht.

- - J. - -

51 **Allegorie.**

Belohnung heißt die Nymph, um die
Im Königreiche Phantasie
Ein Schwarm verbuhlter Sylphen schwebt.
Der Fleiß, voll Eifer und belebt,
5 Sucht ihre Hand, scheint auch allein
Der reichen Nymphe werth zu seyn;
Sie aber, wie die Schönen sind,
Für gründliches Verdienst zu blind,
Verschmäht den Edlen, krönt und küßt
10 Der Gnomen schlechtsten, der nur List
Und unverschämt im Betteln ist.

D.

52 [86] **An einen Musenalmanach.**

Und du in dem bemalten Kleide,
Du kleiner Musenalmanach,
Wie kömmst denn du, geputzt in Seide,
Hier unter mein gelehrtes Dach?

Hier unter der Chikane schwere,   5
Hochaufgethürmte Aktenbrut,
Bey welcher itzt Cylinder, Sphäre,
Und Prisma ganz vergessen ruht?

Gieb Acht, daß nicht des Zirkels Spitze,
Der neben dir bestäubet liegt,   10
Dir deinen güldnen Schnitt zerritze,
Der seinen Meßingglanz besiegt!

Geh fort aus meinem Kabinette,
Das Scherzen keinen Eingang gönnt,
Zur liebenswürdigen Brünette,   15
Die mehr als ich die Musen kennt!

[87] Lucinden meyn ich, deren Jugend
Aus innerm Hang das Schöne liebt,
Und Wissenschaft, und ernste Tugend
Mit einem Geist voll Anmuth übt.   20

Sie wird der holden Seine Schätzen,
Die dort vertraulich um sie stehn,
Dich, Deutschlands Kind, zur Seite setzen,
Und mit Vergnügen auf dich sehn.

Geh! sonst wird du mit Staub beladen;   25
Von manchem modernden Papier
Kann haftender Geruch dir schaden!
Geh, kleines Buch, geh flugs zu ihr!

F.

[Holzstock.]

[88] **Nänie**   53
Auf den Tod einer Wachtel.

Weint, ihr Kinder der Freude! Weine, Jocus!
Weine, Phantasus! Alle des Gesanges
Töchter, alle des jungen Frühlings Brüder,
Sirenetten und Zephyretten, weinet!
Ach! die Wachtel ist todt! Naidens Wachtel!   5

Die so gern in Naidens hohler Hand saß,
Und, gestreichelt von ihrer Rechten, achtmal
Ihren Silberschlag so hellgellend anschlug,
Daß das purpurbemalte Porcelain klang.

10 Wenn das Mädchen zu singen und zu spielen
Abließ, hüpfte die kleine Liederfreundinn
Auf die Laute des Mädchens, lockte horchend
[89] In die Laute, daß alle sieben Sayten,
Bauch und Boden der Laute, wiedertönten.

15 Wann das Mädchen versenkt im Traum und stumm saß,
Flog die Gauklerinn dem Pagoden Lama
Auf den Wackelkopf, wiegte mit dem Kopfe
Des Pagoden sich weiblich hin und wieder.
Ach! kein Vogel war diesem gleich! Der Juno

20 Vogel nicht, der nur schön war, auch der Pallas
Vogel nicht, der nur klug war, und nicht scherzte.
Unser Vogel war schön und klug; Naide
Scherzt und kosete gern mit unserm Vogel,
Und der Vogel verstand Naiden; gab ihr

25 Nickend Antwort; schlug an, so bald sie winkte,
Gieng und kam auf ihr Wort, und saß ihr rüstig
[90] Auf der Schulter, und ließ sich küssen, ließ sich
Aus den Lippen der trauten Wirthinn ätzen.
Welcher menschliche Geist belebte diesen

30 Vogel? Rede, du kleiner, lieber Liebling,
Eh die bräunliche Seide dich umwickelt,
Und dies Grab dich auf ewig einschließt: warst du
Nicht ein lieblicher Flötenspieler? Warst du
Nicht vor Zeiten ein süsser Minnesinger?

35 Nichts! Er redet nicht mehr! Es hat ihn seiner
Schönen Stimme der Tod beraubt, und seines
Schönen Nickens; der böse Tod, gestaltet
Als ein Geyergeripp, der nächtlich alle
Kleinen Vögel erwürgt, und alle grossen.

40 Doch sein niedlicher Schnabel soll nicht sterben;
Unter Perlen und Gold und edle Steine
[91] Will das Mädchen ihn wohldurchbalsamt legen,

Oft mit Seufzen ihn ansehn, oft mit Thränen,
Oft ihn herzlich an ihre Lippen drücken.
Hier nun ruhe sein kalter Leichnam unter　　45
Diesem Rosenbaum! Mayenblumen pflanz ich
Auf sein Grab, und von bunten Tausendschönchen
Einen Kranz. Sein vergnügter Geist, das weiß ich,
Ist gen Himmel geflohn, gleich einem kleinen
Funken! Laß ihn auf deiner Schulter sitzen,　　50
Schnittermädchen des Himmels, die du Weizen
In den Händen, und Mohn im Körbchen trägest!

[92] **Der Besuch.**　　54

Batill besuchte mich; zu Ehren
Des gütigen Besuchs gab mir mein Dämon ein,
Mit ihm ein Glas Burgunderwein
Auf gute Freundschaft auszuleeren.
Jetzt ist er nun mein Freund — allein　　5
Wie dauret mich mein Wein — mein Wein!
　　　　　　　　v. Thümmel.

An Leßings jungen Gelehrten.　　55

Um den Monadenpreiß umsonst sich zu bestreben,
Das, Damis, hat zum Spotte dich gemacht:
Doch Justi'n ward der Preis gegeben,
Und über wen ward da gelacht?
　　　　　　　　Kästner.

[93] **Weissagung der Melpomene**　　56
an einen jungen Dichter.

Der du im frühsten Lebenslenze
Lobgierig nach dem Ehrentempel frugst,
Und, neidisch auf der alten Dichter Kränze,
Schon zum Versuch die Laute schlugst;

5 Die Musen freueten sich deiner,
Als du mit zarten Fingern Rosen brachst,
Und, in der feinsten Sprache der Lateiner,
Von ihrer hohen Röthe sprachst,

[94] Von ihrem Dufte, den der Busen
10 Des Jünglings und des müden Greises trinkt;
Da hat dir mehr als eine von den Musen
Vertraulich mit der Hand gewinkt;

Melpomene verdrang Thalien
Und rief: Hinweg! Mir übergab Apoll
15 Ein Saytenspiel, daß ichs mit Gold beziehen,
Und diesem Knaben bringen soll!

Ihm wurden sanftere Gefühle
Ins Herz gegossen, als am Themsestrand
Dem Dichter, der mit honigsüssem Spiele
20 In Aller Herzen Eingang fand,

[95] Und, als er sechszehn Lenze zählte,
Schon Baum und Flur bewegte, wenn er sang,
Und, wenn sein Lied das Lob der Götter wählte,
Die wilde See zur Stille zwang.

25 Mein Liebling, mein erwählter Knabe
Lehrt rührend einst die Welt, daß nur allein
Der tugendhafte Mann die Mittel habe,
Stets fröhlich, stets beglückt zu seyn;

Von sanfter Neigung ganz durchdrungen
30 Besinget er die Freundschaft, und den Schmerz
Der Liebe, wie Petrarcha ihn besungen;
In jedem Ausdruck spricht sein Herz.

[96] So, daß dem zärtlichen Gesange
Nichts gleichet, als der süße Klageton
35 Von Philomelen, welcher allzulange
Der Gatte fehlt, der ihr entflohn.

Karschin.

Sinngedicht. 57

Die Damen scheinen hier den edlen Nachtviolen
In allem gleich zu seyn;
Denn Nachts verbreiten sie am Mondschein, unverhohlen,
In junger Buhler Arm, der Schönheit vollen Schein;
Des Morgens ziehen sie, verstohlen, 5
Der strengsten Tugend gleich, die Reize wieder ein.

Q.

[97] Der Kanonikus und seine Köchinn. 58

Ein heiliger Kanonikus begeht,
Bey seinen wohlbespickten Pfründen,
In einem Tage gröſſre Sünden,
Als ganz durchs Jahr ein hungriger Poet.

Ein solcher wars, von dem aus Liebe 5
Die Köchinn ihren Abschied nahm;
Zu dem, aus einem gleichen Triebe,
Nanette sich zu präsentiren kam.
Könnt ihr, fragt er mit einem frommen Wesen,
Gut kochen? — Wenig! — Waschen? — Nein! — 10
Doch schreiben und die Zeitung lesen? —
Nein, gar nicht! — Und, fiel er ihr ein:
[98] Zum Lohn? — Herr, Hundert Thaler! — Sachte!
Da die Geschickteste aufs Jahr
Nur zwanzig fodert! — Recht! rief sie und lachte: 15
Doch ich, mein Herr! — Nun, ihr? — Herr! Ich bin
unfruchtbar.

Löwen.

Lied. 59

Reizend ist es, seinen Ruhm
An die Sterne heben,
Und in Famens Heiligthum
Unvergänglich leben.

5 Reizender, als Ewigkeit
Und das Lob der Musen,
Ist der Liebe Trunkenheit
An Themirens Busen!

T.

60[99]   **Die Nachtigall und die Frösche.**

An einem heitern Abend gieng
Die schöne Daphne mit Tiren
Am kühlen Bach, und fühlete
Des Frühlings Reiz itzt zwiefach stark.
5 Kein Abend war so schön; die Flur
Schien ihr ein stilles Paradies,
Und sanfte Lüfte wehten ihr
Balsamische Gerüche zu.
Des Monden oft erneutes Spiel,
10 Der schnell itzt hinter Wolken lief,
Und itzt ins dunkle Blau hervor
Im vollen Silberglanze schwamm,
Erhöhete den Schmuck der Nacht,
Die schweigend auf die Felder sank.
15 Von ausgelaßner Freude schien
Die Welt sich zu erhohlen, nur
Das Volk der Frösche schwärmte noch
Im Sumpf, und quackte laut. — „Warum,
[100] Sprach Daphne, lärmt ihr unverschämt,
20 Wenn Philomele singen will?
O schweigt, verhaßte Schreyer, schweigt,
Daß ich sie höre!" — Plötzlich hub
Die kleine Sängerinn ihr Lied
In schmachtendsanften Tönen an.
25 Itzt floß es schmetternd durch das Thal;
Die Echo sangs geschäftig nach,
Und Zephyr trug es lauschend hin
Ans sternbesäte Himmelsfeld.
Entzückt rief Daphne: „o Tiren!
30 Sie singt! O höre! Welch ein Lied!

Mit Unrecht tadelt ich den Lerm
Der Frösche.   Weit, weit süsser schallt
Mir itzt das Lied der Nachtigall!"

Wißt es uns schlechten Dichtern Dank,
Ihr guten, daß wir schlechter sind!   35

v. S.

[101]   **Trinklied.**   61

[Mit Musik von Kellner.]

Herr Bacchus ist ein braver Mann,
Das kann ich euch versichern,
Mehr als Apoll, der Leyermann,
Mit seinen Notenbüchern.

Des Armen ganzer Reichthum ist   5
Die goldbemalte Leyer,
Von der er pralet, wie ihr wißt,
Sie sey entsetzlich theuer;

Doch borgt ihm auf sein Instrument
Kein Kluger einen Heller;   10
Denn schönere Musik ertönt
In Vater Evans Keller.

Und ob sich Phöbus gleich vornan
Mit seiner Dichtkunst blähet;
So ist doch Bacchus auch ein Mann,   15
Der seinen Vers verstehet.

[102]   Wie mag am waldichten Parnaß
Wohl sein Diskant gefallen?
Hier sollte Libers Cantorbaß
Gewißlich besser schallen.   20

Auf! Laßt uns ihn für den Apoll
Zum Dichtergott erbitten!
Denn er ist gar vortreflich wohl
Bey grossen Herrn gelitten.

25   Apollo muß gebückt und krumm
       In Fürstensäle schleichen;
       Allein mit Bacchus gehn sie um,
       Als wie mit ihres gleichen.

       Dann wollen wir auf den Parnaß,
30   Vor allen andern Dingen,
       Das große Heidelberger Faß,
       Voll Nierensteiner, bringen!

[103]   Statt Lorbeerhaynen wollen wir
       Dort Rebenberge pflanzen,
35   Und, um gefüllte Tonnen, schier
       Wie die Bacchanten, tanzen!

       Man lebte so, nach altem Brauch,
       Bisher dort allzunüchtern;
       Drum blieben die neun Jungfern auch
40   Von je und je so schüchtern.

       Ha! Zapften sie sich ihren Trank
       Aus Bacchus Nektartonnen,
       Sie jagten Blödigkeit und Zwang
       In Klöster zu den Nonnen!

45   Fürwahr! Sie ließen nicht mit Müh
       Zur kleinsten Gunst sich zwingen,
       Und ungerufen würden sie
       Uns in die Arme springen!

                       u.

62 [104]   Auf Friederikens Geburtstag.
Den 10. April 1770.

Dies ist der Tag, der dich zuerst gesehen!
Er kömmt zurück; frolockend grüß ich ihn! —
Vernimm von mir, o Freundinn, was geschehen,
Als er zuerst erschien!

Noch blinkte Schnee auf St** Rebenhügeln,
Den muntern Bach hielt noch des Eises Band;
Der sanfte West kam mit wohlthätgen Flügeln,
Und Eis und Schnee verschwand.

[105] Das Veilchen hob sein Haupt voll süsser Düfte,
Der freye Bach floß silbern durch die Flur,
Die Lerche schwang sich trillernd in die Lüfte,
Und weckte die Natur.

Der Frühling stieg im lieblichen Gepränge,
Mit jungem Laub das Haar umkränzt, herab,
Und mit ihm stieg, noch glänzend, eine Menge
Von dem Olymp herab.

Mißtraue nicht der Wahrheit der Geschichte!
Ein Dichter hat den heilgen Pomp gesehn;
Er folgte nach, und fand die Götter dichte
Bey deiner Wiege stehn.

[106] Es war Apoll, mit Grazien und Musen,
Auch Amor kam, und Alle freuten sich,
Und drückten dich wetteifernd an den Busen,
Und Alle küßten dich.

Dann gaben sie der kleinen Friederike
Zur Wärterinn die Göttinn Harmonie;
Und sprachen: Zevs sorgt schon für ihr Geschicke;
Du aber bilde sie!

Sanft sey ihr Herz, und edel ihre Seele,
Zur Redlichkeit gestimmt, und zum Gefühl
Der Tugenden, und liederreich die Kehle,
Und stark ihr Saytenspiel.

[107] Itzt küßten dich die Götter alle wieder,
Verwebten Glück in deinen Lebenslauf,
Und ein Gewölk von Golde fuhr hernieder,
Und nahm sie wieder auf.

Die einzige, dich bildend, blieb zurücke,
Dir ungesehn; doch bald verschwand auch sie.
Was nütz ich mehr, sprach sie, der Friederike?
Sie selbst ist Harmonie!

So lächelten Orakel einst dem Kinde.
Die Aussicht schon hat den Olymp entzückt.
Nun denke selbst, was heut dein Freund empfinde,
Der sie erfüllt erblickt!

                                    Frh. v. - -

[108]   [Vignette.]

Philaidilis.

Philaidilis, die jüngste
Schülerinn der Grazien,
Achtete sich die geringste
Von den schönen Sterblichen.

Demuth lehrte sie zum Tempel
Ihrer Gottheit täglich gehn,
Allen Tugenden Exempel
War sie wohl so gut, als schön.

[109]   Gern sah sie in jene Welten;
Diese Welt war ihr voll Schmerz;
In den Spiegel sah sie selten
Nur so scharf, als in ihr Herz.

Welt! in dir ist kein Vergnügen,
Denkt sie still, und sagt es laut;
Sich und sie will sie besiegen,
Von dem Himmel eine Braut.

Sie beschließt dem Weltgetümmel
Zu entfliehn, in sich hinein,
Um auf Erden und im Himmel
Eine Heilige zu seyn.

Und seitdem, o Himmel! fielen
Ihre Locken ungerollt;
Ihren artigen Gespielen
Ließ sie Schmuck und Flittergold.

[110].   Ihren Anzug, ihr Geschmeide
Theilte sie den Armen aus;
Ihre Reden, ihre Freude
War der nahe Klosterschmaus!

Dichter sangen ihr Gesänge,
Dichtern hieß sie Lalage.
Liebesgötter eine Menge
Hüpften um die Grazie,

Seufzten, weinten, klagten, flehten,
Hielten ihre Hände fest;
Ihre Seufzerchen verwehten
Nicht der Nord und nicht der West.

Tief in sich hineingekehret
War umsonst die Schöne schön;
Dichter blieben ungehöret,
Liebesgötter ungesehn.

[111]   Fest dem schrecklichen Entschlusse
Nimmt sie nun die neue Tracht,
Und mit einem Liebeskusse
War die Heilige gemacht.

Pater noster gut zu beten
Lernte keine so geschwind;
Schwestern und Gewissensräthen
Folgete das gute Kind.

Und, in ihrer kleinen Zelle,
Vor sich einen Todtenkopf,
Droht ihr dennoch mit der Hölle
Pater Zipf und Pater Zopf.

Immer frömmer sie zu wissen
Prüfen sie das gute Herz,
55   Nicht mit Puppen oder Küssen,
Nicht mit Zucker oder Scherz.

[112]   Ohne Noth auf ihre Stärke
Vorbereitet kommen sie,
Mit Empfelung guter Werke,
60   Jener späte, dieser früh.

Einst an einem Sommermorgen,
Desto fleißiger zu seyn
In den frommen Seelensorgen,
Treten sie zugleich hinein.

65   Hingeworfen auf den Knieen
Liegen Patres, lieget sie;
Ihrer Wangen Rosen blühen
Schöner diesen Morgen früh.

Das Gebet wird angefangen;
70   Pater Zipf und Pater Zopf
Sehen ihre Rosenwangen
Lieber, als den Todtenkopf.

[113]   Plötzlich aber störet Schimmer
Ihr Gebet, sie stürzen auf.
75   Amor steht in ihrem Zimmer!
Patres machen einen Lauf,

Machen Lerm: die Schwestern kommen;
Alle sehn den Sieger stehn
Auf dem Altar ihrer Frommen;
80   Aber sie wird nicht gesehn!

Eine schleyerhelle Wolke
Hatte sie der Zell entführt,
Wunderbar dem blöden Volke,
Welches keine Schönheit rührt.

                             Gleim.

[114] ## Der bestrafte Amor. 64

Zevs, rüste mich mit deinen Wettern,
Sprach einst im Zorne Lydia,
Um jenen Tempel zu zerschmettern,
Wo ich zuerst den Amor sah!

Warum hab ich Alcidens Waffen, 5
Und seines Armes Stärke nicht,
Der Erde Rache zu verschaffen
Von diesem stolzen Bösewicht?

Wär ich an schwarzen Zaubereyen,
Wie die Geliebte Jasons, reich, 10
Ihm wollt ich einen Becher weihen,
Der Liebe Todesgifte gleich!

Der du mir zu entfliehen suchest,
Verruchter Frevler, hätt ich dich! — —
„Hier ist er, Nymphe, dem du fluchest,“ 15
Sprach Amor schnell, und zeigte sich.

[115] „Auf Kühne! Wag es dich zu rächen!“ —
Sie hört erschrocken seinen Spott,
Und eilet Rosen abzubrechen,
Zur Ruthe für den kleinen Gott. 20

Ihn aber läßt sie ungebunden,
Durch Mitleid oder Furcht bewegt,
Und zittert noch ihn zu verwunden,
Weil sie mit leiser Hand ihn schlägt.

Gotter.

Auf Gellert. 65

Ein Lehrer des Geschmacks und selbst Original,
Ein Menschenfreund, ein Christ, wie sein Versöhner milde,
Starb er, und ließ in seinem Bilde
Der Welt die reizendste Moral.

66 [116]   **Amyntas,**
eine Idylle,
Berlin, 11. Merz, 1765.

Zum Flötenspieler Daphnis kam
Die kleine Doris mit dem blonden Haar.
„Du, dessen Lieder, sprach sie, süsser sind
Als Honig, süsser sind als Rosenduft! —
5   Amynt ist heut der Wälder Lied;
Die Mädchen alle singen heut sein Lob;
Und ich — ich lieb ihn sehr — und säng ihn gern
Am besten: aber an Gesang
Bin ich nur arm, und stammeln kann ich nur. —
10   Lehr mich von ihm ein Lied! Denn keiner singt
So süß, wie du, du lieber Hirt,
Du Freund der Mädchen mit dem blonden Haar!" —

[117] „Amyntas, sprach der Hirt, verdient Gesang:
Und hättest du auch nicht, du holdes Kind
15   Der Grazien! ein Lied von ihm begehrt,
So hätt ich dennoch rund umher
Den Hügeln seinen Namen kund gemacht;
Die stolzen Tannen hätten sich vor ihm
Geneigt, und alle Quellen ihm gerauscht. —

20   „Hebt an, ihr Musen in den Büschen,
Und in dem tiefen Thal! —
Der Abend röthet schon den Saum der Wolke,
Und Echo wartet auf Gesang. —

Entzücken schwellet meinen Busen,
25   Ihr guten Götter! Wann
Mein Auge sieht, daß unter einem Dache
Die Tugend bey dem Glücke wohnt.

[118] Amyntas! nicht die tausend Hufen,
Mit Heerden überschwemmt,
30   Sind dein Verdienst; ein menschlich Herz im Busen
Gesellet dich den Göttern bey.

Wer füllte wohl Altar und Tempel
Mit Gaben: lebten nur
Bey Nektar und Ambrosia die Götter
Sich selber seelig; flösse nicht   35

    Der Ueberfluß in goldnen Strömen
Von ihrer Burg herab;
Fänd Unschuld nicht, und Elend seinen Retter,
Und kranke Liebe keinen Trost?

    Du wirst in unsern Liedern leben,   40
Amyntas! bis das Meer
Versiegt, und Wälder aus den Fluten steigen,
Und Fische schwimmen durch die Luft. —

[119] Verstummet nun, ihr scheuen Musen! —
Die lautre Freud erwacht.   45
Amynt erschallet aus den hohlen Thälern,
Und von den Bergen schallt — Amynt! —"

    So sang der Hirt. Der kleinen Doris schlug
Ihr Herz vor Freude — lange sprach sie nicht; —
Bis des Gesanges letzter Silberlaut   50
Vom fernsten Hügel wieder kam;
Da sagte sie gerührt: — „Nun dank ich dir —
Nun werd ich nicht der Spott der Mädchen seyn. —
Erquickend ist dein Lied, wie Sonnenschein
In kalter Luft, wie Morgenthau,   55
Der lieblicher die Blumen macht. —
Und nun — wie kann ich deine Liebe dir
Vergelten, o du bester Hirt! — denn, ach! —
[120] Ein armes kleines Mädchen hat wohl nichts,
Das deine Lieder dir bezahlen kann." —   60

    „Du sollst mir tausend Küsse schuldig seyn,"
Sprach Daphnis, „bis du sechszehn Sommer hast,
Und einen Kuß verstehst!" — —

                                B.

67   **Auf einen Recruten zur**
                    Reichsarmee.
                    1757.

Hier liegt Johann, der als Recrute starb.
Wär nicht der Narr aus Furcht vor seinem Tod gestorben,
Er hätte sich gewiß so vielen Ruhm erworben,
Als sein Herr Oberster erwarb.

                                        v. Thümmel.

68 [121]   **Hymne.**

Gros ist der HErr der Welt! Der Sphären Chor
Verkündigt seinen Ruhm,
Am Fuße seines Throns kniet die Natur,
Und betet an vor ihm.

5   Er winkte in die alte Nacht hinab;
Urplötzlich stand vor ihm
Die gränzenlose Schöpfung. Heil und Dank
Erscholl von Kreis zu Kreis.

    Was waret ihr, die ihr um seinen Thron
10 Die Seeligkeiten trinkt?
Von seinem Hauch nehmt ihr Beginn, und nehmt
Kein End in Ewigkeit!

[122] Wer rief euch, o ihr Sterne, daß ihr flammt?
Wer wieß euch eure Bahn?
15 Wer gab euch Bürger? Wessen Hand umspannt
Den Raum, worin ihr rollt?

    Und wer hat dich in diese schöne Welt,
Erhabner Mensch, gesetzt?
Wer schenkte dir den hohen Geist? Und wer
20 Gab ihm Unsterblichkeit?

    Du siehst erstaunt die Wunder der Natur,
Der Wesen Harmonie;
Erhebe den, den du rund um dich her
So sichtbar wandeln siehst!

[123] Wann seine Sonn dem rothen Ost entsteigt,   25
Und wann ihr Wagen sich
    Zum rothen Schooß der Abendmeere lenkt,
    Laß deine Lieder glühn!

    Und wann, durch ihn geschmückt, die braune Nacht
    Im Sternenkleid erscheint,   30
    Und deine Seel ein sanfter Schauer faßt,
    Verehr ihn stillentzückt!

    Lob ihn im Lenz, und wann der Sommer dich
    Mit Laubgewölben deckt,
    Und wann der Herbst, von Nahrung schwanger, lacht,   35
    Und wann der Winter zürnt;

[124] Bey leichtem Blut, und wann dich Krankheit drückt,
    Im Glück, und wann es flieht,
    Wann dich der Tod zum höhern Leben ruft,
    Verkündige sein Lob!   40

    Der Schöpfung Kreis, den Tempel seines Ruhms,
    Erfüll Ein Lobgesang!
    Ihr Himmel singt! Ihr Erden stimmet ein!
    Gros ist der HErr der Welt!
                                        Thomsen.

        [Holzstock.]

[125]   Elegie   **69**
        Auf einem Dorfkirchhofe geschrieben.
               Nach dem Gray.

Die Abendglocke ruft den müden Tag zu Grabe,
Mattblöckend kehrt das Vieh im langsam schweren Trabe
Heim von der Au, es sucht der Landmann seine Thür,
Und überläßt die Welt der Dunkelheit und mir.
Der Landschaft zitternd Bild sinkt in der Dämmrung Hülle, 5
Und durch die ganze Luft herscht feyerliche Stille,
Nur daß ein Käfer hier mit trägem Fluge schwirrt,

Und schläfrig um mein Ohr ein fernes Läuten irrt,
Und daß, aus jenem Thurm, den Epheu dicht umschlinget,
10 In dessen alte Kluft kein Stral des Tages bringet,
[126] Die Eule schauervoll dem blassen Monde klagt,
Ein Wandrer habe sie zu stören sich gewagt.
Hier, wo die Ulme trauert, der Eibe Schatten schrecket,
Wo mürbe Hügel Staubs ein dürrer Rasen decket,
15 Schläft, in ein enges Grab versenkt auf immerdar,
Von diesem armen Dorf der Väter rohe Schaar.
Sie ruft der Morgen nun, der düftend niederwallet,
Der Schwalbe zwitschernd Lied, das aus dem Strohdach
                                    schallet,
Des Hahns Trompetenton, des Hornes Wiederklang
20 Nicht mehr vom schlechten Bett zu Arbeit und Gesang.
Nicht mehr wird nun für sie des Heerdes Flamme lodern,
Kein Weib am Abend sie mit Angst zurücke fodern,
Sich den Geschäften ganz für ihre Pflege weihn,
[127] Und keine Kinder mehr nach ihrem Vater schreyn,
25 Still lauschen, wann er kömmt, sich ihm entgegendrängen,
Und, sich um seinen Kuß beneidend, an ihn hängen.
Oft tönete die Flur von ihrer Sichel Klang;
Es war ihr Pflug, der oft die harten Schollen zwang.
Wie froh zog ihr Gespann vor ihnen auf die Felder!
30 Wie beugten sich, erlegt durch ihren Streich, die Wälder!

Der Ehrgeiz spotte nicht der Arbeit ihrer Hand,
Verlache nicht ihr Glück, und ihren niedern Stand;
Der Grosse höre nicht, Hohnlächeln im Gesichte,
Des Armen kurze, doch belehrende, Geschichte!
35 Nicht zu vermeiden droht Ein letzter Augenblick
Dem Dünkel der Geburt, der Herrschaft stolzem Glück,
[128] Der Schönheit Zaubermacht, des Goldes Eigenthume;
Zum Grabe leiten nur die Wege zu dem Ruhme.
Verzeihe denn, o Stolz, daß glänzende Trophän
40 Zu ihrer Ehre nicht um diese Gräber stehn,
Und daß im Tempel nicht, durch tiefgewölbte Hallen,
Der Chöre Harmonien von ihren Thaten schallen!

Ruft einer Urne Pracht, des Künstlers Meisterstück,
Ein seelenvolles Bild, den Geist im Flug zurück?
Kann zu des Grabes Nacht der Ehre Stimme dringen? 45
Läßt sich des Todes Ohr durch Schmeicheleyen zwingen?

   Wie manche deckt vielleicht hier die Verwesung tief,
In deren schwangrer Brust ein Götterfunken schlief!
Provinzen hätten sie mit wachem Blick beschirmet,
[120] In hohes Saytenspiel Begeisterung gestürmet,   50
Hätt ihnen Wissenschaft ihr grosses Buch entrollt,
In welches jede Zeit den Schatz der Völker zollt,
Hätt Elend nicht ihr Haupt in tiefen Staub gedrücket,
Ihr Feuer ausgelöscht, und ihr Genie ersticket.
Wie manche Ros im Thal erröthet ungesehn,   55
Haucht ihren Duft umsonst, und stirbt vergebens schön!
Wie manchen edlen Stein hält, vor der Menschen Sorgen,
Der unerforschte Grund des Oceans verborgen;
So ruhet mancher hier, der einst mit kühner Hand,
Ein Hambden seines Dorfs, dem Frevel widerstand,   60
Und mancher Milton stumm, vermischt mit andern Todten,
Und mancher Cromwell, rein vom Blut der Patrioten.
[130] Sie konnten nicht voll Muth Gefahr und Tod ver-
                        schmähn;
Gehorsam ihrem Wink Senate zittern sehn,
Mit Ueberflusse nicht ein seelig Land beglücken,   65
Nicht lesen ihren Werth in eines Volkes Blicken.
Und doch verbot ihr Glück nicht Tugenden allein,
Auch Laster wurden selbst in ihrer Hütte klein;
Sie durften nicht mit Blut die Thronenwege giessen,
Die Thore des Gefühls vor Menschen nicht verschliessen,   70
Ersticken in der Brust der Wahrheit Stimme nicht,
Den Zeugen edler Scham nicht tilgen vom Gesicht;
Noch, in der Wollust Schooß, des Weihrauchs sich er-
                        freuen,
Den, zu der Musen Schmach, erkaufte Schmeichler streuen.

[131] Von der unedlen Bahn des Städtevolks entfernt   75
Hat ihr bescheidner Wunsch Ausschweifung nie gelernt;

Kühl war ihr Lebensthal, und dem Geräusch entlegen,
Zufrieden wallten sie auf ihren stillen Wegen.

Doch ruft ein Denkmal noch, das die Gebeine schützt,
80 Zerbrechlich aufgebaut, barbarisch ausgeschnitzt,
Geziert nach altem Brauch mit ungefeilten Reimen,
Den frommen Wanderer mit Thränen hier zu säumen.
Die Muse hat sich Lob und Elegie erspart,
Hat ihre Namen nur, ihr Alter aufbewahrt,
85 Und ringsumher den Raum mit manchem Spruch be-
schweret,
Der dieses arme Volk die Kunst zu sterben lehret.
Denn welcher Sterblicher wirft sehnend nicht den Blick
[132] In eine schöne Flur, die er verließ, zurück?
Wer hat mit jener Nacht, von Sicherheit berauschet,
90 Dies ängstlichsüße Seyn gedankenlos vertauschet?
Ein Auge, das sich schließt, ein halbgebrochnes Herz,
Heischt eine Thräne doch, und eines Freundes Schmerz;
Es rufet noch Natur aus unsrer Gruft; es lodert
Ihr Feuer unverlöscht, wenn unsre Asche modert.

95 Du, der die Todten hier, die keine Zunge preist,
Aus der Vergessenheit durch deine Leyer reißt, .
Vielleicht sucht traurend einst ein dir verwandtes Wesen
Noch deinen Hügel auf, und fragt: wer du gewesen?
Dann spricht ein grauer Hirt: „Wann dämmernd auf den
Höhn
100 Der Morgen zitterte, hab ich ihn oft gesehn;
[183] Durch das bethaute Gras rauscht er mit schnellen
Füßen,
Auf jenem Hügel dort die Sonne zu begrüßen;
Dort, an der Buche Fuß, die schon vor Alter nickt,
Die Wurzeln aufwärts dreht, und ihre Zweige bückt,
105 Streckt er am Mittag sich, verdrossen, unbelauschet;
Starr sah er in den Bach, der dort vorüberrauschet;
Bald schlich er in den Hayn, und höhnisch lächelt er;
Bald murmelt er vor sich verworrne Träume her,

Balb hieng er bleich sein Haupt, wie ein Verlaßner trübe,
Genagt von innerm Gram und hofnungsloser Liebe.   110
An einem Morgenroth eilt ich zum Hügel hin,
Wo ich ihn immer fand, und da vermißt ich ihn.
Ich eilte zu der Au, zu seinem Lieblingsbaume,
[134] Allein ich fand ihn nicht, wie sonst, im süßen Traume.
Ein zweyter Morgen kam; weit schaut ich um mich her,   115
Doch ich erblickt ihn nicht im Hayn, am Bache mehr;
Tags drauf, ach! sahn wir ihn, bey Liedern und bey Klagen,
Im feyerlichen Pomp, nach unserm Kirchhof tragen.
Siehst du den Dornstrauch dort? Komm! (Lesen kannst
                                        du ja!)
Lies: Hier an diesem Stein steht seine Grabschrift! Da!" 120

———

Ein Jüngling ruhet hier, in unsrer Mutter Schooß,
Dem Glücke nicht bekannt, durch keinen Nachruhm groß.
Sein niedrig Wiegenbett verschmähten nicht die Musen,
Und Schwermuth weihte sich zur Wohnung seinen Busen.
Voll Güte war sein Herz, und der Verstellung feind;   125
[135] Voll Güte krönete der Himmel sein Begehren.
Er schenkte Leidenden sein ganz Vermögen — Zähren;
Gewährt ward ihm dafür sein ganzer Wunsch — ein
                                        Freund.
Wag in das Heiligthum nicht tiefer einzuschauen,
Das seine Tugenden und seine Fehler mißt!   130
Ach! Beyde liegen sie mit zitterndem Vertrauen
In dessen Brust versenkt, der Gott und Vater ist.

Gotter.

An Doris.   70

Zum Spiegel deiner Schönheit erwähle dir mein Lied!
O Doris, dort vergeht sie, wenn sie hier ewig blüht.*

v. K.

71 [136]   Hochzeitslied.

Den 20. Oct. 1768.

Nymphen dieser Flur, und ihr jungen Hirten,
Wißt ihr, wem ich heut unter braune Myrten
Späte Rosenblüthe band,
Und, ihn festlich zu bewirthen,
5   Frühe Purpurtrauben fand?

Wem ich dieses Beets düftende Melone,
Dieses Feigenbaums Honigfrüchte schone,
Diesen Fremdling Ananas
Mit der königlichen Krone? —
10   Unserm trauten Lycidas!

[137] Hier ist heut sein Fest! Hier, wo schlanke Linden
Mit Akacien sich vertraut umwinden,
Und ein weites Laubdach ziehn,
Sollt ihr heut gekränzt ihn finden,
15   Seine Dorilis, und ihn!

Kennt ihr Dorilis? Hespers heller Kerze
Gleicht ihr Aug, ihr Haar ist von Adlerschwärze,
Rosenhaft ihr Mund, ein Thron
Tausend zephyrlicher Scherze,
20   Ihre Stimm ein Lautenton.

Einst that die Natur zu dem schönsten Bilde
Weisheit, schlauen Witz, Edelmuth und Milde,
Wollte draus ein Knäbchen baun,
Und dem brennischen Gefilde
25   Diesen Liebling anvertraun.

[138] Bald besann sie sich. Sind es nicht fünf Jahre,
Seit ich solchen Sohn schuf und aufbewahre?
Nein! Ein Weibchen werde dies,
Das sich künftig mit ihm paare!
30   Sehet, so ward Dorilis!

Das Gespenst.   72

Den Geist des Stutzers Lisimon
Sah Phyllis jüngst und floh davon. —
„So flieht sie den, der einst ihr Zeitvertreib gewesen,
„Ihn, den noch jeder Ball und jeder Spieltisch preist?" —
Sie hatte Recht; es war von seinem Wesen   5
Auch nicht der beste Theil, es war ja nur — sein Geist.

E.

[139]   ### In ein Stammbuch.   73
Den 22. Jul. 1770.

Sohn, reize nicht durch deinen Witz die Thoren!
Die Warnung hat bey mir mein Vater oft verlohren.
Lest auch, warum sein Wort bey mir so wenig galt:
Er, ohne falsch, wohlthätig, gottergeben,
Wenn ich nur Thoren reimend schalt,   5
Schalt gar Juristen durch sein Leben.

———

Wie mancher würde mich um diesen Vers verklagen!
Dir, W — — den er nicht trift, kount ich ihn sicher sagen.

Kästner.

[140]   ### Empfindungen bey Nacht.   74

Der Gott des Schlafs umhüllt mit leisem Flügel,
Was auf des Erdballs Hälfte wohnt.
Stillseyernd glänzt in heller Bäche Spiegel
Der silberfarbne Mond.

In des Olymps gewölbter tiefer Ferne   5
Verliehrt mein Auge sich entzückt,
Wo jetzt vielleicht Amint, von seinem Sterne,
Mitleidig nach mir blickt.

Geflügelt eilt mein Geist vom Götterstamme,
Sohn der Unsterblichkeit, zu dir!   10
Mein Busen nährt, gleich einer Feuerflamme,
Des Ewigen Begier.

[141] Denn überall, soweit die Erde gränzet,
      Herrscht qualenreicher Unbestand;
15   Was unserm Wunsch als Gold entgegen glänzet,
      Ist, nahgeprüfet, Tand.

      Beglückte Zeit, wenn nun von meinen Blicken
      Der Vorurtheile Nebel fällt,
      Und Leidenschaft nicht mehr in ihren Stricken
20   Den Geist gefesselt hält!

      Das ist mein Trost; den Traum von unsern Tagen
      Verweht ein kühler Abendwind;
      Wie Blumen, die der Sonne Last getragen,
      Verblühen wir geschwind.

25 [142] Stets eilt der Tod, damit er uns erhasche,
      Kurz hinter unserm Schritte drein;
      Gelingt es ihm, so werd ich morgen Asche,
      Und eine Fabel seyn.

      Die Menschheit mag beym Grabe sich empören;
80   Getrost lern ich hinunter sehn.
      Der freye Geist wird, unter Himmelschören,
      Dort mit Aminten gehn.

                                          R.

75 [143]   Die Brille,
                    Eine Erzählung.

Dem alten Freyherrn von Chrysant
Wagts Amor einen Streich zu spielen.
Für einen Hagestolz bekannt,
Fieng um die Sechzig er sich wieder an zu fühlen.

5   Es flatterte, von Alt und Jung begaft,
      Mit Reizen ganz besondrer Kraft,
      Ein Bürgermädchen durch die Nachbarschaft.
      Das Bürgermädchen hieß Finette.
      Finette ward des Freyherrn Siegerinn;
10   Ihr Bild stand mit ihm auf, und gieng mit ihm zu Bette.

Da dacht in seinem Sinn
Der Freyherr: und warum denn nur ihr Bild?
[144] Ihr Bild, das zwar den Kopf doch nicht die Arme füllt;
Sie selbst steh mit mir auf, und geh mit mir zu Bette!
Sie werde meine Frau! Es schelte, wer da schilt;   15
Genädge Tant und Nicht und Schwägerinn,
Finett ist meine Frau, und — ihre Dienerinn. —
Schon so gewiß? Man wird es hören.
Der Freyherr kömmt, sich zu erklären,
Ergreift das Mädchen bey der Hand,   20
Thut, wie ein Freyherr, ganz bekannt,
Und spricht: „Ich, Freyherr von Chrysant,
Ich habe sie mein Kind, zu meiner Frau ersehn!
Sie wird sich hoffentlich nicht selbst im Lichte stehn.
Ich habe Guts die Hüll und Fülle."   25
Und hierauf laß er ihr durch eine grosse Brille,
Von einem grossen Zettel ab,
[145] Wie viel ihm Gott an Gütern gab;
Wie reich er sie beschenken wolle;
Welch grossen Wittwenschatz sie einmal haben solle.   30
Dies alles laß der reiche Mann
Ihr von dem Zettel ab, und guckte durch die Brille
Bey jedem Punkte sie begierig an. —
„Nun, Kind, was ist ihr Wille?"
Mit diesen Worten schwieg der Freyherr stille,   35
Und nahm mit diesen Worten seine Brille —
(Denn, dacht er, wird das Mädchen nun
So wie ein kluges Mädchen thun;
Wird mich und sie ihr schnelles Ja beglücken;
Werd ich den ersten Kuß auf ihre Lippen drücken;   40
So könnt ich, im Entzücken,
Die theure Brille leicht zerknicken.) —
Die theure Brille wohlbedächtig ab.
Finette, der dies Zeit sich zu bedenken gab,
[146] Bedachte sich, und sprach nach reiflichem Bedenken: 45
„Sie sprechen, Gnädger Herr, von Freyen und von Schenken;
Ach! Gnädger Herr, das alles wär sehr schön!

Ich würd in Sammt und Seide gehn;
Was gehn? Ich würde nicht mehr gehn;
50 Ich würde stolz mit Sechsen fahren;
Mir würden ganze Schaaren
Von Dienern zu Gebote stehn.
Ach! Wie gesagt, das alles wär sehr schön!
Wenn ich — wenn ich —"

55 „Ein Wenn? Ich will doch sehn,
(Hier sahe man den alten Herrn sich blähn)
Was für ein Wenn kann mir im Wege stehn?"

„Wenn ich nur nicht verschworen hätte — —"
„Verschworen? Was? Finette?
60 Verschworen nicht zu freyn? —"
[147] O Grille! rief der Freyherr, Grille!
Und griff nach seiner Brille,
Und nahm das Mädchen durch die Brille
Nochmal in Augenschein,
65 Und rief beständig: „Grille! Grille!
Verschworen nicht zu freyn?"

„Behüte! sprach Finette,
Verschworen nur mir keinen Mann zu freyn,
Der so, wie Eure Gnaden pflegt,
70 Die Augen in der Tasche trägt."

76   Das schöne Kind einer schönen
                              Mutter.

O welch ein süsses Knäbchen scherzt auf dem Blumenrain!
Betrachte seine Mutter! Sollt es nicht Amor sein?

                                              v. K.

77 [148]   Die Elster,
                      Eine Fabel.

„Singen kann ich nun freylich nicht, das erkannte
die Elster, aber es wäre doch Schade, wenn ich meine
fertige Zunge nicht brauchen sollte! Ich weiß, was ich

thun will. Ich will den Sangvögeln zuhören und Lob
und Tadel unter sie austheilen. Ehrt mich die Nachtigall, 5
oder bringt sie mir manchmal ein Würmchen; gut! so
soll keine liebenswürdigere Sängerinn unter den Wolken
seyn. Aber Apollo sey der Lerche gnädig, wenn sie mich
beleidigt!" —

Die arme Elster! Ihr Anschlag mislang. 10

[149] „Also meinest du, daß wir selbst kein Gehör
haben, sagten die andern Vögel, und von dir sollen wir
erst lernen, was schön klingt? Von dir, die du nicht
einmal singen kannst, sondern nur schwatzen, und — stehlen,
und den Gukuk lobest, wenn er dein Freund ist? Selbst 15
die Fehler der Lerche sind harmonischer, als dein Ge-
plapper! Wenn die Nachtigall klug ist, so ist sie gegen
dein Lob gleichgültig."

So sprachen die Wachtel, die Turteltaube und der
Stieglitz. Aber der Gimpel und die Gans horchten auf 20
die kunstrichternde Elster.   Kästner.

[150]   An Sined,   78
      Den Druiden der Harfe.

Wo bin ich? — Schlief ich nicht im Walde
Arbeitermüdet ein?
Im Walde, wo des Lenzes
Tonvoller Vogel nicht nistet;
Im Walde, wo kein Barde   5
Noch seine Harf in die Schatten trug?

Er ist es, wo ich entschlief;
Der Wald voll brütender Schauer,
Als wär er hinter Helas
Grotte, gegen Walhalla gepflanzt.   10
Denn, wie vom Felde der Seeligen,
Tönt mir durch seine Fichtengänge
Der Bardenharfe Geräusch;
Mich umwandelt der Geist der Lieder,

15   Wie die Seele des Brünstiggeliebten
         Um den einsamtraurenden Jüngling schwebt.

[151]   „O sey du mir willkommen!"
         Ruft der Verzweifelnde.
         „O sey du mir willkommen!"
20   Ruf ich, und raffe mich auf,
         Daß die zweigichte Fichte schwankt;
         Und eile windschnell über das Heydenkraut,
         Und eil und fliege gegen den Harfenruf,
         Der, bey jedem von Felsen
25   Zu Felsen gewagten Sprunge,
         Immer näher und näher tönt.
         Da rauschet mir gewaltig
         Josephs Nam entgegen;
         Es rufen dort oben die Felsen,
30   Dort unten die Fichten rufen
         Josephs Namen zurück;
         Und hier sind Nachtigallen,
         Hier scherzt das kühle Lüftchen .
         Um junge Wiesenblumen;
35   Weidende Rehe hüpfen
         Fröhlich am Bach!

[152]   Heil mir! Nun bin ich am Ziel!
         Heil mir, da ist der Sänger!
         Götter! Da ist die Harfe! — Durstig
40   Trink ich all ihre Töne hinab.

         Vergieb dem Bardensohne,
         Vergieb, du Bindengeschmückter,
         Wer bist du?
         Druide mit der goldnen
45   Sichel in deinem Priestergürtel,
         Wer bist du, Sänger Josephs? —

         Du lächelst, theurer Sänger?
         Aber ich kenne die Harfe,

Und nun kenn ich dich, Sined,
Den Freund an Ossians Busen,   50
Dem er am Abend
Seiner Augen die Harfe ließ!

O singe, singe,
Joseph den Frühgeliebten,
Wie er, im Frieden groß,   55
[153] Seegen um sich und über sich hat!
O singe, singe,
So lange dießeit Walhallas
Er seine Schritte verweilt,
Josephs Kriegsgesang nie!   60
Zwar wie der Adler
Liegt er am kühlen Mondenlicht,
Brütend über seinen Geliebten,
Und scheint in leisen Träumen zu ruhn;
Aber, waget der Geyer, waget der Habicht sich   65
Seinen Geliebten zu drohn; huy! dann erhebet er sich,
Und wird, hoch aus der Gegend des Mondes,
Seinen Räuber herunterstürzen!
Drum singe, singe,
Daß er bis an das Morgenroth   70
Ueber seinen Geliebten ruht!

Aber, ach! Kenn ich denn nicht,
Sined, Ossians Harfe,
Die vom Rauschen der Speere,
[154] Vom Säuseln des Schwerdtes gern begleitet wird? 75
Wie der kriegerische Jüngling,
Des dauernden Friedens satt,
Wird sie, wenn du ein Friedenslied willst,
Harte Triumphtöne geben:
Aber dann singe von Joseph nicht!   80

Trage dein Saytenspiel tief in den Eichenhayn;
Geh zu dem Grabe Danns, dort, wo es immer rauscht,

Dort, wo die Kriegsdämonen wachen:
Singe, dort singe den Ruhm, den er in mancher Schlacht,
85 Auf die Gebote Theresiens,
Der Heldenmutter Josephs, erfiegt hat!

79 [155]   **Hymne.**

Der HErr ist GOtt! Ihn anzubeten,
Bedecken Cherubim ihr flammend Angesicht;
Des Himmels Veste bebt, des Meeres Wogen treten
Zurück, wann er im Donner spricht.

5   Der Abgrund heult vor ihm. Sein Finger rührt die Spitze
Der Felsen an, so rauchen sie;
Als Boten schickt er seine Blitze:
Da stehn die Lästerer — und er verschonet sie.

Soll euch der HErr im Zorn besiegen,
10 Elende! War er euch nicht schon durch Wohlthun kund?
Ihr zwinget die Vernunft euch grausam zu betrügen;
Ihr fühlet GOtt — — Noch lügt der Mund!

[156] Er hieß das rege Herz des Lebens Ström ergiessen
Mit täglich neugebohrner Kraft;
15 Er schenkte der Natur, Vergnügen zu geniessen,
In jedem Sinn geheime Wissenschaft;

Zög er die Schöpferhand zurücke
Von diesem Wunderbau, so stürb aus jedem Sinn,
Im schrecklichsten der Augenblicke,
20 Empfindung und Genuß der sanften Freude hin.

Der mich aus Liebe schuf, erhält mich auch aus Liebe.
Mein Schicksal ist kein Ungefähr;
Erkenn es, o mein Herz, und weih ihm alle Triebe!
Einst preisest du ihn herrlicher!

                                    v. S.

Die gute Antwort.   **80**

Ein junger Graf von Tiegertaß
Ritt auf die Jagd. Sein Reitknecht Matz
Ritt mit ihm, doch, wie billig, hinten,
Mit einer Damaszenerflinten,
Mit seinem Silber eingelegt,   5
Die er quer überm Sattel trägt.
Indem sie nun mit Pfeifen, Singen,
Die Stunden suchen umzubringen,
Begegnet ihnen, guter Laun,
Ein Mädchen an dem Zollhauszaun,   10
Das ein geöhrtes Thier, mit Rüben
Beladen, vor sich her getrieben;
Ein Mädchen, wahrlich wohlgemacht,
Mit Augen, wie die Mitternacht,
Die, wenn sie sich im Kopfe drehten,   15
Mehr Einfluß hatten als Planeten.
Gleich ward das Grafenherz verwundt,
Das Wasser stieg ihm in den Mund.
Er frug: mit deinen Gartenwaaren,
[158] Mein Kind, wo denkst du hinzufahren? — — —   20
Zum nächsten Flecken, holder Herr! — —
Kennst du daselbst, versetzet er,
Die Jungfer Pfarrinn, Wilhelminen? — —
Die Bäurinn neigt sich tief: zu dienen! — —
Ey nun, sprach Graf von Tiegertaß,   25
Und gab ihr hurtig einen Schmatz
Auf ihren runden braunen Backen,
Sie fest umfassend um den Nacken,
Bring ihr, nebst einem schönen Gruß,
Von unsertwegen diesen Kuß. — —   30
Worauf die Dirne, zwar beschämet,
Doch an der Zunge nicht gelähmet,
Erwiederte: gebt ihn nicht mir,
Herr Wildgraf, gebt ihn meinem Thier,
Beliebt es euch, auf jene Wangen;   35
Es denkt noch vor mir anzulangen.

                                          D.

81 [159]   **Auf die Statüen der Musen**
im Garten zu Sanssouci.

Acht Musen seh ich hier. Doch ach!
Die neunte fehlt. Hat Glume sie vergessen?
Nein! Nur er konnte nicht der letzten Schönheit messen,
Denn die folgt ungesehn dem grossen Friedrich nach.

Lieberkühn.

82   **Der Compilator.**

O spräche doch der Sammler Fulvius
Nicht selbst nunmehr als Kritikus!
So lang er uns nur andrer Meynung gab,
Schrieb er manchmal doch noch was Kluges ab.

Kästner.

83 [160]   **Klage eines Ephemerispoeten.**
Gleich nach der Leipziger Messe gesungen.

Gern säng ich meine Klage,
Hätt ich zum Singen Kraft!
Denn, kurz wie unsre Tage
War meine Autorschaft.
5   Weh mir, daß ich am Fusse
Des Pindus naschen gieng,
Wie meine junge Muse
Zum erstenmal empfieng!

Hat wer zu hören Ohren,
10   Der höre meine Noth!
Ihr Kind war schnell gebohren,
Gesäugt, verurtheilt, todt!
Uns strecken auf die Bahre
Nicht Seuchen so geschwind,
15   Als Bibliothekare
Itzt manches Musenkind.

[161]   Die ihr die Lorbeerhayne
Der Musen auch durchirrt,

Wenn ich verschwiegen weine,
Laut wie ein Kranich girrt,   20
Hat über euch mehr Leiden
Apoll im Zorn verhängt,
Getrost! nicht an die Weiden
Die Harfe gleich gehängt!

   Harrt, wie in Landesplagen,   25
Auf beßre Dichterzeit!
Oft, wenn wir hülflos klagen,
Ist Hülfe nicht mehr weit;
Singt Autorlitaneyen,
Und betet Würger fort;   30
Singt: Gott woll uns befreyen
Vom Rezensentenmord!

                             Löwen.

[162]   Auf Gellerten.(*)   84

Er lehrte dreyßig Jahr die Schönen Witz und Tugend;
Doch höret, welchen Dank ihm eine Freundinn gab!
Getreu verwahrte sie die Schwächen seiner Jugend,
Und setzte sie dem guten Mann aufs Grab.

                             Kästner.

(*) S. die Vorrede zu den vermischten Gedichten, womit man nach dem Tode des verehrungswürdigen Mannes sein Andenken beschimpft hat.

[163]   Lied des Orpheus,   85
als er in die Hölle gieng.

Wälze dich hinweg, du wildes Feuer!
Meine Sayten hat ein Gott gekrönt,
Er, mit welchem jedes Ungeheuer,
Und vielleicht die Hölle sich versöhnt.

5   Meine Saiten stimmte seine Rechte:
        Fürchterliche Schatten, flieht!
        Und ihr winselnden Bewohner dieser Nächte,
        Horchet auf mein Lied!

[164]   Von der Erde, wo die Sonne leuchtet,
10   Und der stille Mond;
        Wo der Thau das junge Moos befeuchtet,
        Wo Gesang im grünen Felde wohnt;

        Aus der Menschen süssem Vaterlande,
        Wo der Himmel euch so frohe Blicke gab,
15   Ziehen mich die schönsten Bande,
        Ziehet mich die Liebe selbst herab.

        Meine Klage tönt in eure Klage:
        Weit von hier geflohen ist das Glück;
        Aber denkt an jene Tage,
20   Schaut in jene Welt zurück.

[165]   Wenn ihr da nur Einen Leidenden umarmtet;
        O so fühlt die Wollust noch einmal,
        Und der Augenblick, in dem ihr euch erbarmtet,
        Lindre diese lange Quaal.

25   O ich sehe Thränen fliessen;
        Durch die Finsternisse bricht
        Nun ein Stral von Hofnung; ewig büssen
        Lassen euch die guten Götter nicht!

        Götter, die für euch die Erde schufen,
30   Werden, aus der tiefen Nacht,
        Euch in seelige Gefilde rufen,
        Wo die Tugend unter Rosen lacht.

                          Jacobi.

[166]   **Lied der Gräfin von - - -(*)**
                        Hofdame zu - - -

Vergnügt mit meinem Schäferleben
Will ich kein Feld für Hof und Stadt,
Für Kronen keine Kränze geben;
Behalte sie, wer Kronen hat!

   Die Kronen drücken schwer, die Kränze
Sind leicht, und hauchen süssen Duft!
Ich liebe Scherze, Spiele, Tänze,
Gesunde Kräuter, frische Luft!

[167] Ich liebe Freyheit, liebe Thäler
Und Bäche, spiegle mich darinn,
Und find ich meinen Wangen Fehler,
Dann werf ich mich ans Ufer hin,

   Erforschend, ob mein reines Herze
Den fliessenden Cristallen gleicht;
Glückseelig, wenn es keine Schwärze
Dem Aug und dem Gewissen zeigt.

   Die falsche Göttinn mit dem Rade,
Die Weise haßt, und Thoren liebt,
Die bitt ich nie um eine Gnade,
Nie um die Ketten, die sie giebt.

   Ich sehe meine Lämmer weiden,
Und freue mich, wenn ich sie seh,
Und theile kleine Schäferfreuden
Mit einer lieben Lalage!

[168] Man hält für besser, sie zu theilen
Mit einem lieben Tityrus;
Man rühmet mir den Gott mit Pfeilen,
Man redet mir von Lieb und Kuß;

(*) Die nebst der Fräulein von - - - sich aufs Land begeben
hatte, da sie gebeten wurde, in die Stadt zu ziehen.

Von Lieb und Kuß mag ich nicht hören,
30   Der Gott mit Pfeilen ist ein Kind,
Und wenn getreue Schäfer wären,
Schöß er sie mir? Er ist ja blind!

Gleim.

87   An einen Freund.

Umsonst soll mir der Saft der Reben,
Die mir ihr Blick entführt, die Ruhe wiedergeben!
Nein, Freund! mein Herz wird warm, es glühet, es zerfließt,
Je mehr ich meinen Becher fülle;
5   Der Wein sagt mir von nichts, als daß sie göttlich ist,
Und ach! von ihrem Stolz schweigt der Verräther stille!

P.

88 [169]   Die Wittwe,
Eine Romanze.
Dem Herrn Kanonikus Gleim gewidmet.

„Grausamer Tod für feige Seelen,
„Dich fleh ich an!
„Zu früh kannst du mich nicht vermählen
„Mit meinem Mann!
5   „Nichts kann der Armen Freude geben,
„Die laut dir ruft,
„O komm, und endige mein Leben
„Auf seiner Gruft!“ —

[170] So rief, von Klagen ganz ermattet,
10   Dem Tode nah,
Von Nacht und Schrecken noch umschattet,
Angelika.
Ein Ritter, im Vorübergehen,
Hört ihr Geschrey;
15   Gerührt von Mitleid bleibt er stehen,
Und tritt herbey.

Und schon zerfließt im Rosenlichte
    Des Morgens Grau;
Er blickt mit stralendem Gesichte
    Aus Duft und Thau,   20
Und Lindor sieht, bedeckt von Sträuchen,
    Ein Weib, so schön,
Daß ihr die schönsten alle weichen,
    Die er gesehn.

[171] Von welchem Pfeil wird er getroffen!   25
    Verstöhrt ihr Kleid,
Verwirrt das Haar, der Busen offen,
    Im Auge Leid,
Doch daß daraus ein Funke blinket,
    Der Liebe spricht;   30
Wem Schönheit noch und Jugend winket,
    Braucht soviel nicht!

„Hier, ruft er aus, hier wiederstehet
    „Kein Felsenherz!
„Nur Einen Blick, und es zergehet   35
    „In Lieb und Schmerz!
„Gott Amor! Wenn dein Wink auch nimmer
    „Mir Witz verlieh • • •
„Doch darf ich sie betrügen? Immer!
    „Ich rette sie!“ —   40

[172] Und, ganz der Schönen hingegeben
    In seinem Sinn,
Wirft er, ihr unbemerkt, sich neben
    Dem Grabe hin;
Und, sicherer ihr zu gefallen,   45
    Als spräch er nur,
Läßt er von seinen Seufzern schallen
    Die ganze Flur.

Angelika hört ihn erschrocken,
    Sieht sich umher;   50

Hört wieder, ihre Thränen stocken,
Sie ächzt nicht mehr. —
Warum vergessen wir die Plagen,
Die uns gedrückt,
55 So bald ein andrer gleiche Klagen
Gen Himmel schickt? —

[173] Zu elend, um für sich zu beben,
Sucht sie den Mann,
Der solche Seufzer hier erheben,
60   So jammern kann;
Neugierig seinen Gram zu wissen
Tritt sie hinzu:
„Von welchem herben Schmerz zerrissen
„Erseufzest du?" —

65 „Die Frau, die ich verlohren habe,
„Ist meine Quaal!" —
„Und ach! spricht sie, in diesem Grabe
„Liegt mein Gemahl!" —
„Die Zeit wird euer Unglück mindern;
70   „Den Trost habt ihr!
„Doch nichts kann meinen Jammer lindern;
„Ich schuf ihn mir!" —

[174] „Grausamer! Deine Hand verübte
„Die Unthat? ‐ ‐ Wie?" —
75 „Nein, weil ich sie zu feurig liebte —"
„Zu feurig sie?" —
„Bey jeder Schönheit, die euch schmücket;
„Ich schwör es euch!
„Die mich an ihren Busen drücket,
80   „Erblasset gleich!" —

„So komm! Der Tod verschmäht das Leben,
„Das ich ihm bot;
„Er weigert sich mir Trost zu geben;
„Sey du mein Tod!

„O komm! Ich geb in deine Hände   85
    „Hin meinen Harm;
„Es sind Angelika ihr Ende
    „In deinem Arm!" —

[175] Der du die Einfalt der Empfindung
      So edel singst,   90
Und Witz und Wohllaut in Verbindung
    Mit Stärke bringst,
Gleim, könnte von den Huldgöttinnen
    Dies Liedchen mir
Ein kleines Lächeln abgewinnen,   95
    So dankt ichs dir!

                                          M.

Die Grazien.   89

Bey Grazien und Musen saß Apoll
In seinem Lorbeerhayn.
Göttinnen, fragt er sie, wer soll
Der Dichter der Grazien seyn?
Die Grazien kamen den Musen zuvor,   5
Und lispelten: Wieland! dem Gott in das Ohr.

                                          G.

[176]   ### Der kranke Amor.   90
Bey Gelegenheit eines Gemäldes von Herrn
        B. Rode zu Berlin.

Selbst die Götter und Göttinnen
Haben eines Schicksals Macht erkannt;
Venus sah ihr Blut einst rinnen
Aus der wundgewordnen Hand,
Mars ward von dem Arm des Griechen   5
So getroffen, daß er sank,
Und vor Herzeleid um Psychen,
Ward auch Amor einmal krank.

[177]   Mit verloschnem Augenlichte
10   Lag er in der holden Mutter Schooß;
          Auf sein blasses Angesichte
          Rollten Thränen, schön und groß,
          Wie der Thau von Rosen zittert,
          Von Cytherens Wang herab,
15   Und sie rief, von Angst erschüttert,
          Dem hülfreichen Aesculap.

          „Sohn Apollens, hilf! Ach rette,
          „Rette mein geliebtes krankes Kind!
          „Siehe, wie bey seinem Bette
20   „Selbst die Tauben traurig sind,
          „Die sich sonst so fröhlich schnäbeln!
          „Ach, mein armer lieber Sohn!
          „Einer von des Orcus Nebeln
          „Ueberzieht sein Auge schon!

25 [178]   „Komm, und heil ihn, Arzt der Götter!
          „Mit gelähmten Gliedern liegt er hier!
          „Werde mein und sein Erretter;
          „Ich verspreche dir dafür
          „Alles, was man nur begehren,
30   „Alles, was ich geben kann!" —
          Venus sagte dies mit Zähren,
          Und der Götterarzt kam an.

          Freundlich trat er zu dem Knaben,
          Wie noch itzt die besten Aerzte thun,
35   Wenn sie zarte Kranken haben,
          Hieß ihn stille seyn und ruhn,
          Fühlte nach des Pulses Gange,
          Nahm ein heftig Fieber wahr;
          Und bedachte ziemlich lange,
40   Ziemlich ernsthaft die Gefahr.

[179]   Endlich sprach er: „guter Dinge!
          „Mit drey Worten mach ich ihn gesund;

„Aber unter dem Bedinge,
„Daß dein rosenfarbner Mund
„Mir dafür drey Küsse gebe!" —
Venus rief ihm lächelnd zu:
„Aesculap, so wahr ich lebe,
„Allzubillig foderst du!"

Karschin.

Die Schöne am Morgen. 91

In ihrem Negligee
Sah ich sie jüngst beym Thee;
Doch ihr Gesicht,
Das sah ich nicht;
Das lieget, an so frühem Morgen,
Auf ihrem Nachttisch noch verborgen.

[180] **Die Kayserinn und der Pabst.** 92
Nach einem alten Dichter.

Der heilge Vater Pabst zu Rom,
Des Allerhöchsten Vicedom,
Und unsre Kayserinn Frau Mutter,
Der Erde Häupter, beyde fromm,
Sind, durch der Aerzte strengen Orden,
Zu gleicher Hand verdammet worden,
Mit Ruhm und Stralen überstreut,
Und überreif zur Seeligkeit,
Ins obre Paradies zu wandern,
Die Wohnung der Vollkommenheit.

Die Reise war ein bischen weit,
Drum stund für einen, wie den andern,
Ein sanfter Tragestuhl bereit.

[181] Die Kayserinn, die Lust der Frommen,
Hat auch, von Traurigkeit beklommen,
Doch standhaft und nicht heidnisch weich,

Anitzt vom Kayser und dem Reich,
Das so in Thränen nie geschwommen,
Den letzten Händekuß bekommen;
20 Und wollt ihr göttlich Auge gleich
Zur goldnen Reisesänfte drehen;
Allein wie sie verwundernd sah
Des Pabstes seine stille stehen,
In tristi caeremonia
25 Der ihrigen nicht vorzugehen,
Entschloß sie sich: Wir bleiben da!

War je auf Erd ein schöner Streit
Von Demuth und Gefälligkeit,
So war es dieser schöne Streit!
30 Die ganze Welt wünscht ihretwegen,
Daß man, so oft er sich erneut,
[182] Nie fähig sey ihn beyzulegen.
Der Himmel gebe seinen Seegen,
Daß in der wehrten Christenheit
35 Die hohen Häupter allezeit
So sanft zusammen streiten mögen!

O.

93   **Commentarius**

über mein Sinngedicht von den Chapeaux. (*)

„Verbessern Sie Ihr Sinngedicht;
„Der Schneider macht ja keine Hüte!"
So sprach ein junger Herr. Ich dankt ihm für die Güte
Und fragte: Kennen Sie denn Ihren Schöpfer nicht?

Kästner.

_____

(*) S. Musenalm. 1770. S. 94.

Nimm die Leyer, und tanze voran mit geflügeltem Schritte,
Du jüngſte der Muſen! Ich folge dir.
O welche Gefilde! Wie ſchön! Hier iſt Muſarions Hütte;
Der Weisheit offener Tempel iſt hier!

    Die Liebe führt in leichten Ketten,   5
Gebunden, jene Leidenſchaft,
Die uns, auf Roſenbetten,
Den Frieden aus der Seele rafft.

    An dieſen Bächen wohnt ein ruhiger Genuß
Von zärtlichen Vergnügen,   10
Voll Unſchuld, wie der Täubchen Kuß,
Die ſich auf einer Myrte wiegen.

[184] Im ſchönſten Blumenkranze geht
Die Tugend unter Charitinnen,
Verbergend ihre Majeſtät,   15
Und ohne Kunſt, wie Schäferinnen;

    Wie, mit geſchmücktem Haar,
Im dünngewebten Schleyer,
Bey ihrer Hochzeitfeyer
Die kleine Pſyche war.   20

    Sie redet lieblich, wie Cythere:
Die bange Wüſte lacht,
Wenn ihre Götterlehre
Das Leben ſüſſer macht,

    Und auch den Tod! Hinweg, du ſtummer Knabe,   25
Der du die Wange bethränſt,
Und an Cypreſſen, bey dem Grabe,
Die umgekehrte Fackel lehnſt!

[185] Der Tod ist süß! — Wenn er in die Palläste
30 Mit fürchterlichem Geräusche fällt:
Dann kömmt für mich der sanfteste, der beste
Von meinen Gespielen der künftigen Welt.

Er kömmt mit heiteren Mienen,
Und bietet mir die Hand:
35 Er löscht die Lampe nur aus, die meinen Freuden geschienen,
Und bringt mich in ein schöneres Land.

Jacobi.

[Holzstock.]

95 [186]   **An die kleine Lucinde,**
Bey ihrem neunten Geburtstage.

Du kleine Grazie, sage mir,
Was wünschest du dir
An diesem Tage? —
„Von meinen Gespielen allein
5 „Die allerschönste zu seyn.
„Ist das noch eine Frage?" —

Die gütige Natur
Gab dir nicht Eine Schönheit nur;
Sie gab dir Alle!

10 Geschlank ist deiner Glieder Bau,
Dein freyes Aug ist himmelblau,
Die Wange, wie die Ros im Thau,
Dein Hauch, wie Veilchen in dem Klee,
[187] Die Brust, wie neugefallner Schnee;
15 Dein allerliebster Mund
Ist klein und rund,
Und deiner Wangen frisches Roth
Beschämt das junge Morgenroth!

„Nun ja! Was wird mir denn noch fehlen?" —

20 Nur nicht so geschwind,
Entzückendes Kind!
Hör an, ich will dir was erzählen:

Es war einmal in Griechenland
Ein Meister, weit und breit bekannt,
Durch seine Kunst in Erz und Stein,   25
Der schnitzte sich aus Elfenbein
Ein wunderschönes Mädchen, —
Lucinde, schön wie du,
Und grösser noch dazu! —
Ein alter Dichter hats beschrieben —   30
[188] Pygmalion, so hieß der Mann —
Und Herr Pygmalion fieng an
Sich in das todte Mädchen zu verlieben;
Fieng an, sie voll Entzücken
Zu herzen und zu drücken,   35
Und oft so zärtlich anzusehn,
Als könnte sies verstehn,
Und immer dran zu denken,
Und ihr recht viel zu schenken,
Bald Blumen, bald ein buntes Band,   40
Bald einen Ring an ihre Hand,
Sie anzukleiden, sie zu schnüren ---
(Nicht schnüren, wie man itzo spricht;
So schnüren that man damals nicht;
Man wußte sich wohl sonst zu zieren!)   45
Ich wollte sagen: sie zu gürten,
Mit goldnem Gürtel sie zu gürten.
Er schmückt ihr Haar mit Myrten,
Den Leib mit Gold und Seide,
Die Arme mit Geschmeide,   50
Den Hals mit einer Perlenschnur —
O lebte doch das Mädchen nur!

[189]   Sieh! plötzlich ward in seinem Arm
Die kalte Säule weich und warm;
Das Herz fieng an, sich zu bewegen,   55
Der Finger, sich zu regen;
Die Hand fieng an, zu drücken,
Die matten Augen, aufzublicken,

Die weiße Brust, sich zu erheben;
60 Kurz, sie fieng an zu leben.

Und Herr Pygmalion ward bleich und blaß —
Die gute Fee Venus machte das!(*)

Sieh, kleine Schönheit, sieh! das Leben fehlt dir noch! —

„Wer giebt es mir, sprichst du, ich bitte, sag es doch!" —

65 [190] Kind, laß mich nur noch siebenmal,
Um deine schöne Brust zu schmücken,
Des jungen Frühlings Erstling pflücken,
Sie wird nicht mehr so fühllos seyn,
Als jene Brust von Elfenbein!

70 Dein Auge, sechszehn Sommer alt,
Nicht mehr so unberedt und kalt,
Wird bald, auf meines Auges Fragen,
Mir deines Herzens Antwort sagen,
Und deine Hand, mit meiner Hand

75 Nicht mehr so fremd und unbekannt,
Wird mich, o Wollust! o Entzücken!
Wenn ich sie drücke, wiederdrücken. ⸗
Mir dargereicht zum Küssen
Wird sie zu sagen wissen:

80 „Ich bin zwar schön und rund,
„Doch schöner ist der Mund!"
Und wag ich dann, aus Lüsternheit,
Den schönen Mund zu küssen,
Wird sie, voll süßer Grausamkeit,

85 Den Weg zu sperren wissen.
Dann wirst du nicht durch Schönheit nur allein
[191] Die Königinn der schönen Jugend;
Dann wirst du durch Verstand und Tugend ⸱
Monarchinn meines Herzens seyn;

90 Dann wird dir Venus dieses Leben
Der großen Schönen geben!   C.

(*) Lucinde laß gerne Feenmärchen.

Ueber ein Gedicht der Frau Karschin. (*) 96

So wie zum Salomo des Südens Königinn
So reist **** zum grossen ** hin:
Nur konnte sie wohl nicht mit Centnern Goldes kommen;
Die hatte Salomo vor kurzem selbst genommen.

Kästner.

(*) Musenalm. 1770. S. 157.

---

[192] ### Ode 97
an die Venus Urania. (*)

Berlin, den 2. Nov. 1770.

Göttinn Liebe! Dir weiht heute dein Agathon,
Unsers Cyneas (**) Sohn, seinen vollendeten
Tempel: Zeuch in dein Haus, Venus Urania,
Erstgebohrne des Himmels, ein!

[193] Freude hüpfe dir vor, Unschuld begleite dich,   5
Unauflöslich vereint folge dir, Arm in Arm,
Holde Sanftmuth und nie täuschende Wahrheit und
Unbestechliche Treue nach.

Keine reinere Hand brachte dir Weihrauch dar,
Als dein Diener und Freund, mit ihm Arsinoe,   10
Ihm an Tugenden, ihm gleich an erhabnem Geist,
Ihm an beyderley Grazien.

Keinen heiligern Sitz beut dir ein sterblich Paar:
Schaudernd wird ihn, ihn wird ewig die schmeichelnde
Aftergöttinn, nach dir fälschlich genannt, und ihr   15
Unholdinnengefolge fliehn:

(*) Bey der Vermählung des jungen Grafen von Finken-
stein, ältesten Sohnes des königlich preußischen Staatsministers.
(**) Der weise Staatsmann und Vertraute des Königs
Pyrrhus hieß Cyneas.

[194] Frechheit blutlos von Stirn, Reue mit schlafender
Natter, Falschheit verlarvt, Eifersucht immer wach,
Und mit rasendem Dolch und mit medeischem
20 Becher Rach und Verzweifelung;

    Wann der schädliche Trupp aus den hesperischen
Myrten, oder von dir, eitles Lutetien,
Ausgezeucht, oder den Weg aus dem Auranzien-
Hayn der heissen Iberer nimmt,

25 Durch Teutonien irrt, dort ein beglücktes Volk
Zu verderben, daß noch sittsame Töchter zeugt,
Noch, vom besseren Blut Siegmars entsprossene,
Biederherzige Söhne nährt.

[195] Aber täglich begrüßt dich die Gerechtigkeit,
30 Die nun unter uns bleibt; dich die tiefforschende
Weisheit, leichtes Gespräch; dich die verschwiegene
Freundschaft, deinen Huldinnen gleich;

    Immer wechselnd besucht jede der Musen dich;
Und zur glücklichen Zeit eilet die helfende
35 Muttergöttinn herbey, daß sie die Lieblinge
Deines Busens verewige.

    Nimm dein Heiligthum ein, Tochter des Himmels! Hier
Sey dein erster Altar! Wohne bey diesem Stamm,
Bis im Jahrbuch der Welt Friedrich, der Brennen Stolz,
40 Und am Himmel die Sonne stirbt.

                                        Ramler.

[196] **An eine Freundinn,** 98
über die Wiederkunft ihres Geliebten.
Den 2. Nov. 1764.

O du, vor mehr als zehentausend Frauen
Beglückt gewordne Gattinn, wirst
Itzt wieder froh gemacht, da Garten, Wald und Auen
Verarmet sind, wie ein vertriebner Fürst.

Dich lächelten des Baumes kranke Blätter,   5
Mehr, als die Rosenknospen, an;
Dich reizte mehr des rauhen Herbstes Wetter,
Als je der Lenz den Schäfer reizen kann.

[197] Des Kranichs Zug, der wilden Ente Schreyen,
Selbst das verstummte Lerchenchor   10
Weissagte dir nun wieder lange Reihen
Von Freuden, die dein liebend Herz verlohr.

Des Traubenmonats graubereifter Morgen
War dir so lieblich, als der May,
Verkündigte das Ende deiner Sorgen,   15
Und wie so nah dir deine Sonne sey.

Oft sprachest du mit deinem süssen Kinde
Von seines Vaters Wiedersehn,
Und oft beschworst du die Oktoberwinde
Ihn freundlich, wie Zephyren, anzuwehn.   20

[198] Er kam, und ließ von seiner ernsten Wange
Zwo Thränen rollen; schmelzend weich
Ward ihm das Herz, als deine Lippen lange
An seinen Lippen hiengen, starr und bleich,

Als du ihn fest an deinen Busen drücktest,   25
An welchem seine Seele hieng,
Und zärtlich matt auf jene Stelle blicktest,
Auf welcher dich sein Arm zuletzt umfieng.

Er küßte die verlohrne Sprache wieder
30 In deinem Honigmund; er sank,
Von dir umarmt, so taumelnd, wie ein müder,
Erquickter Wandrer, auf die Ruhebank.

[199] Und theilte seiner Zärtlichkeit Liebkosen
Gehörig unter dich, und dein
35 Geliebtes Kind, dir gleichend, wie auf Rosen
Die Tropfen Thau beym Morgensonnenschein

Einander gleichen, und zwey schwesterliche
Schneeweisse Lilien, und zwey
Vom Raphael gemalte Pinselstriche
40 Auf einer tadellosen Schilderey.

Karschin.

99   Grabschrift eines Wucherers.

Hier liegt ein Bösewicht, hier liegt ein Missethäter,
So spricht die Welt. Sein Schwiegersohn
Allein nur denkt: hier ruht die Krone aller Väter,
Der Vater meiner Million.

Hr.

100 [200]   Der gute Ruf.

Cleant, dem niemand borgen will,
Ist ausser sich, beneidet den Pedrill,
Dem froh die halbe Stadt
Ihr Geld geliehen hat.
5 Schnell wendet sich das Blatt:
Pedrill, mit Fesseln an der Hand,
Schreibt itzt im Kerker an die Wand:
    „Glückseeliger Cleant!
    „Mein Unglück schuf
10   „Der gute Ruf!"

Pr.

[Holzstock.]

Verzeichnis der Gedichte.

Leser ein ganz unbekannter Mann
seyn, und sie werden sich kaum
einbilden, dass ein armer Dorf-
schulmeister so singen, und noch
unbekannt und unbelohnt seyn
kann. Es ist aber nicht anders.
Johann Heinrich Thom-
sen ist Schulmeister zu Kyus
im Lande Angeln, und ver-
bindet mit seinen Talenten zur
Dichtkunst die grösste Neigung
zu den mathematischen Wissen-
schaften, worinn er es auch eben
so weit gebracht hat. Wir würden uns glücklich schätzen, wenn
die Bekanntmachung dieser Gedichte irgend einen Menschenfreund veranlasste, weiter nach
dem Verfasser zu fragen, dessen
Herz eben so weit über seinen
Stand ist, als sein Genie. Man
wünschte ihn nicht aus seiner
Lage zu rücken, sondern sie ihm
nur etwas bequemer zu machen,
und ihm die Mittel zu verschaffen,
sein Talent auszubilden, das, gehörig bearbeitet, einst mehr als
einem Dichter seines Standes Ehre
machen kann. Diese Bekanntmachung sollte zugleich eine An-
frage seyn, ob das Publikum eine
kleine Sammlung seiner Stücke,
die sich in den Händen des Her-
ausgebers befindet, und zum Theil
ungleich grössere Proben des
Genies, als die hier gedruckten
Gedichte, enthält, zu befördern
Lust hätte. Die Aufnahme dieser
Stücke wird seinen Entschluss be-
stimmen.